The Words of Charisma

カリスマの言葉シリーズ ＃007

開運レッスン

ゲッターズ飯田

セブン＆アイ出版

第1章 生きるって

全26語録

第1章

生きるって

無理だと思うから無理になる

無理だと思うから無理になる。
むずかしいと思うからむずかしくなる。
嫌だと思うから嫌になる。
恥ずかしいと思うから恥ずかしくなる。
簡単だと思えば簡単で、
気楽に考えれば気楽になる。

人は思った以上に単純で。
単純だから、
余計なことを考えてしまったり、
身動きが取れなくなることがある。

簡単なことでいいから、
気になる人にメールを送ったり、
遊びに誘ってみたり、
デートに誘ってみたり。
今日できる小さなことでいいので、
今できることを、
今日できることは、
やっておくといい。

できると思うと、
そのうちなんでもできるようになる。
過去を言い訳にしても、
もう変わらないから。
今から変わればいい。
明日に向かって変わればいい。
そう思えばいいじゃないですか。
一度っきりの人生なんだから。

削っているのは時間ではなく魂だから

削ってるのは時間じゃなく、
魂を削ってる。

人に会っている時間や
仕事をしている時間、
ぼーっとしている時間、
人は時間を削っているけれど、
本当は魂を削っている。
どうせ削るなら、
魂かけていることを
自覚しておいたほうがいい。

魂込めている人に、
人は心がなびく。
もっと魂込めていこう。
魂込めて 恋愛して、
魂込めて仕事して、
魂込めて遊んで。
魂込めて日々を過ごしたら、
なにか見えてくる。

人は間違えるけど、
自分を苦しめても
なにも変わらない

人はたくさん間違える。
そして、
「自分はなにをしてしまったんだろ」と、
罪悪感が生まれ、
自分がドンドン嫌いになってしまう。
そんなに自分を追い詰めなくてもいいと思う。
罪悪感が生まれた時点で、
それは反省していることだし、
心を痛めているのだから。

間違えた判断は、もう仕方のないこと。
人は昨日に戻れないけれど、
昨日の記憶はあるから。
過去から学べばいい。
ただ、それだけ。

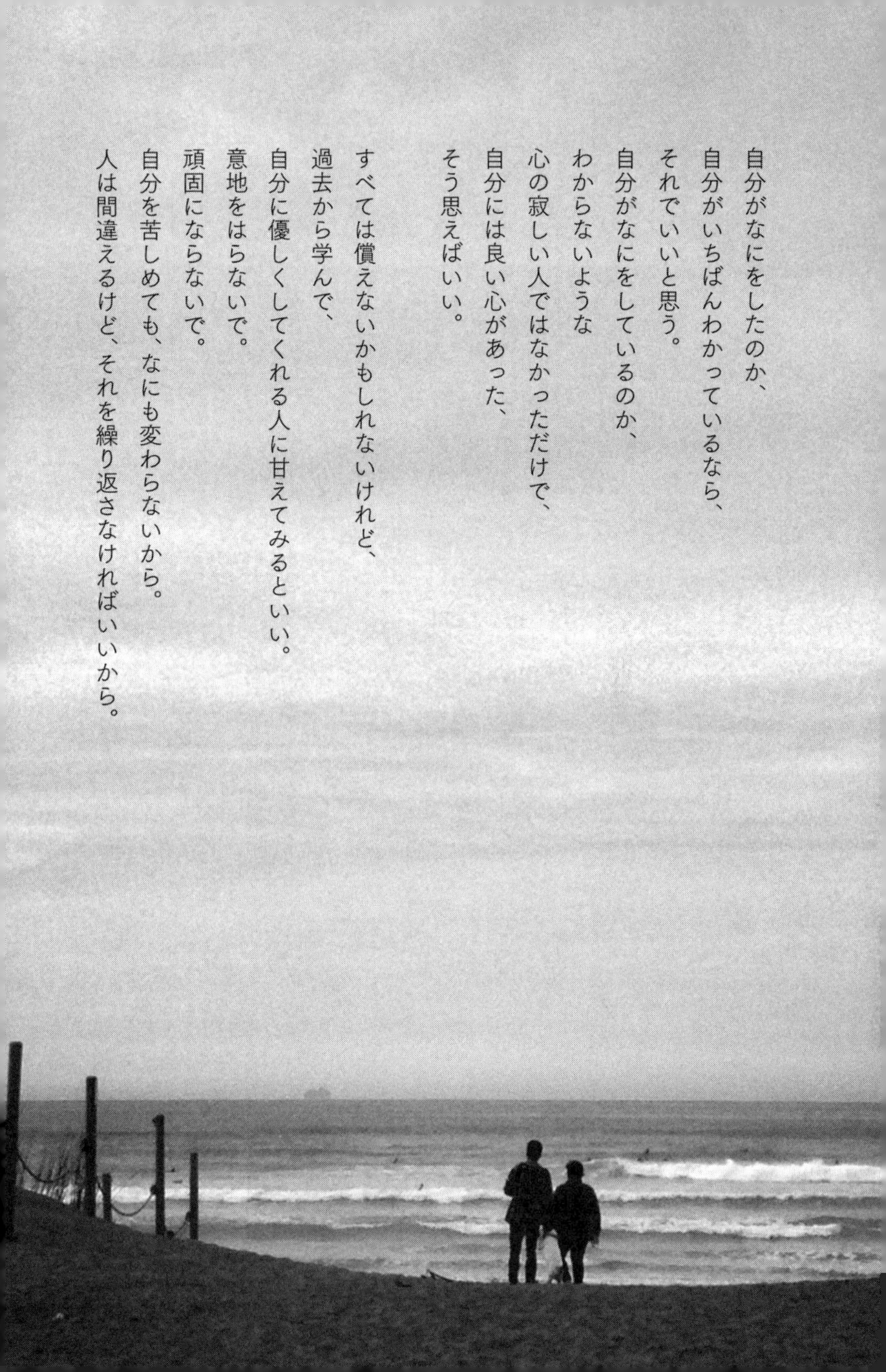

自分がなにをしたのか、
自分がいちばんわかっているなら、
それでいいと思う。
自分がなにをしているのか、
わからないような
心の寂しい人ではなかっただけで、
自分には良い心があった、
そう思えばいい。

すべては償えないかもしれないけれど、
過去から学んで、
自分に優しくしてくれる人に甘えてみるといい。
意地をはらないで。
頑固にならないで。
自分を苦しめても、なにも変わらないから。
人は間違えるけど、それを繰り返さなければいいから。

人生の
半分は
悩む

人生の半分は悩む。
もしかしたら、人生の7割は悩んだり、
不安で辛いかも。

恋人を作ったら
悩みが解消されると思っても、
浮気をされるんじゃないかと、
新たな悩みが出てくる。
お金を稼げば
悩みがなくなると思っても、
また別の悩みが出てくる。
悩みや不安は、
形を変えるだけで延々とついて回る。

なければないで悩んで、
あればあったで不安になる。

人間ってそんなもの。
すべての欲をなくすか、
そんな人生を楽しむか。

むずかしいことかもしれないが、
どうせ悩むなら、
どうしたらおもしろくなるか、
どうしたら楽しくなるか、
目先ではなく将来も考えて。
悩んだって、
いろいろ考えたって
なにも変わらないから、
時間がドンドン進んで
老いていくだけ。

結局悩むのが人間だから。

人はそんなに真面目に生きられない

「あ〜自分は今、悪いことをした」

「あ〜自分は今、ズルをした」

そう自覚できる人は、まだ大丈夫だと思う。

でも、たちが悪いのは
「自分は正しい」

「間違っていない」

「自分は真面目」だと思い込んで、
悪いことやズルイことをしている人。


例えば、「ここに自転車を置いてはいけません」

と書かれていたとすると、

「ちょっと買い物に行くだけだから（ごめんなさい！）」

と自転車を置く人と、
なにも思わないで

自転車を置く人がいる。
どちらもルールを守らないのはダメなんですが、
心のどこかに「ごめんなさい」
「自分はちょっと悪いことしている」
がある人とない人では、人として差がつく。
善悪や自分の中のズルやダメなところを
知っている人と知らない人では、
人として厚みが変わってくる。

そんなに人は真面目に生きられないから。
真面目だと思いこんでいるだけで、
ほとんどの人が真面目風なだけで、
自分の不真面目な部分を理解することは、
人としてとても大切。

人生は
自分で思っているほど、
自分では決められなくて

ずーっと苦労していた人が、ある日突然チャンスをつかんで、
これまでとは違った生活を送る。
そんな人を何人も見てきた。
共通点は、みんな素直だった。

「これやってみたら」
そう言われたら素直にやってみて、技術を身につけたり、
「ここに行ってみたら」
そう言われてそこに行ったら素敵な出会いがあったり。
誰にでもチャンスのきっかけがある。
チャンスの前には、必ず小さなきっかけがある。
この小さなきっかけをつかむには、素直でいることが大切。
僕も小さなきっかけから、人生が大きく変わった。
周囲の声にできるだけ応えることしか
今の自分にはできないから、
求められるうちが華だと思うから、
できるだけ応えていきたいと思う。

人生は自分で思っているほど、
自分では決められなくて。
他人から求められるように、どう生きるかが大切で。
どれだけ素直にものごとを受け入れる
器の持ち主になるかが大切で。

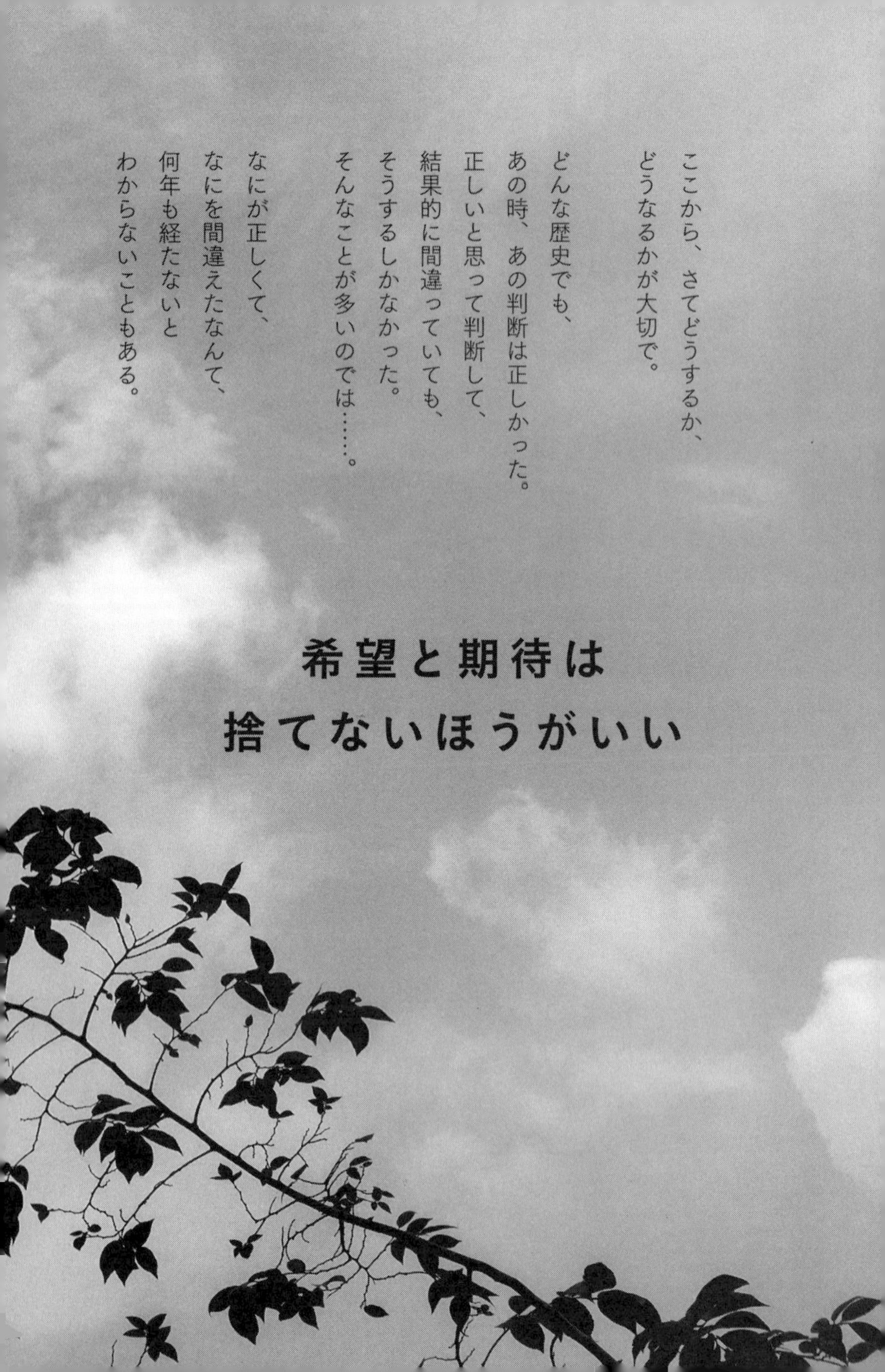

ここから、さてどうするか、
どうなるかが大切で。

どんな歴史でも、
あの時、あの判断は正しかった。
正しいと思って判断して、
結果的に間違っていても、
そうするしかなかった。
そんなことが多いのでは……。

なにが正しくて、
なにを間違えたなんて、
何年も経たないと
わからないこともある。

希望と期待は
捨てないほうがいい

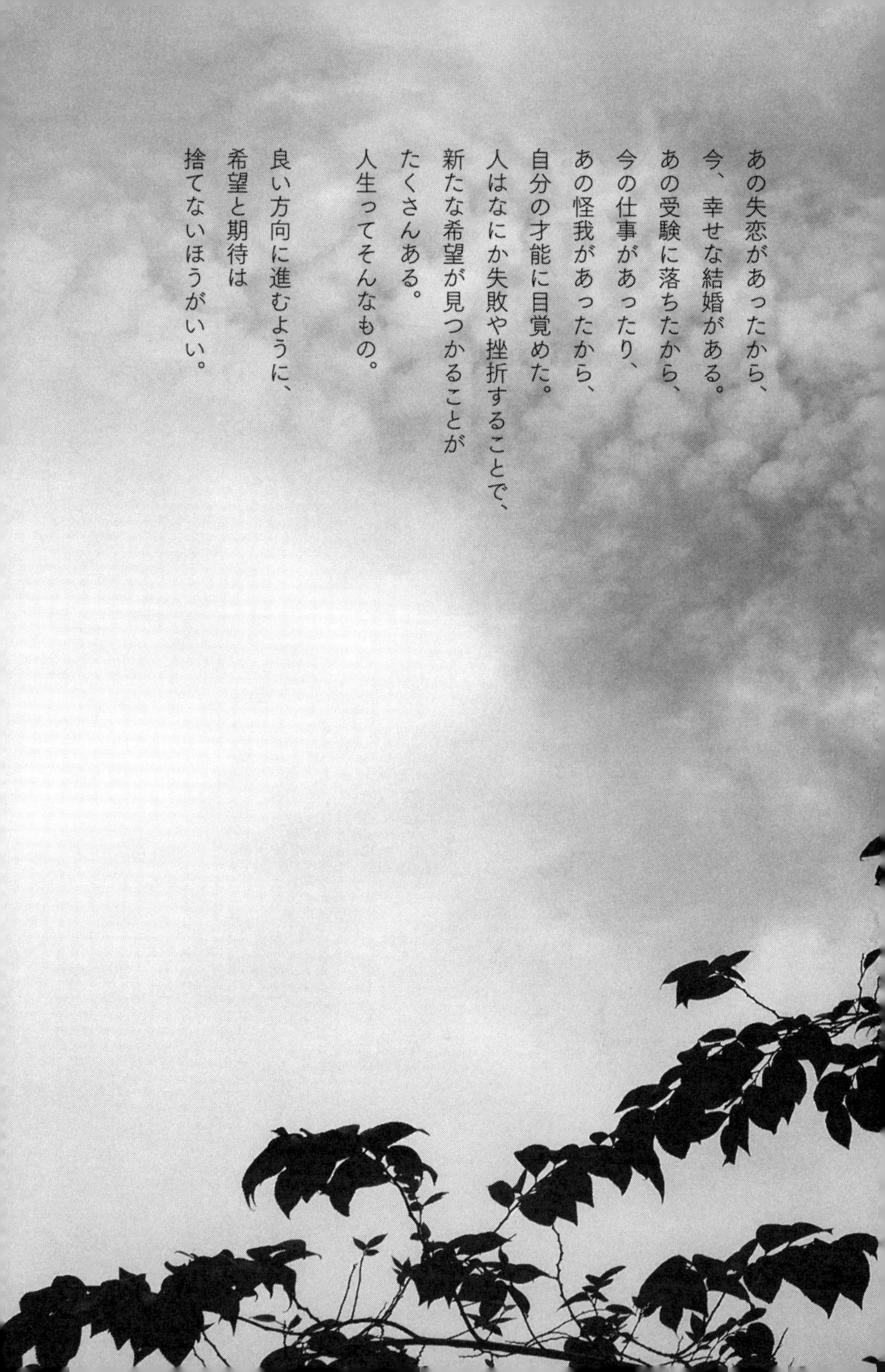

あの失恋があったから、
今、幸せな結婚がある。
あの受験に落ちたから、
今の仕事があったり、
あの怪我があったから、
自分の才能に目覚めた。
人はなにか失敗や挫折することで、
新たな希望が見つかることが
たくさんある。
人生ってそんなもの。

良い方向に進むように、
希望と期待は
捨てないほうがいい。

過去のおかげで、今の楽しいがあるから

過去の失恋を引きずっていても、
素敵な人と結婚ができれば、
過去の失恋のおかげ。
受験に失敗しても、
好きな仕事に就くことができれば、
受験の失敗のおかげ。

あの時、あんなことがあったからと
過去を後悔しても、過去は変えられない。
そんなことはそんなことと開き直って、
次にどうするか、なにを頑張るか。
過去の責任にして、
今をつまらなく生きるのなら、
今を楽しんで、
すべてを過去のおかげだと思えばいい。

過去は過去だけど、
過去のおかげで今があるから。
過去は自分の想像力や努力、
人間関係や発想力で楽しい思い出にもなる。

新堀
3291-8338

なんとかなるし、なんとかするのが人生だから

どんなに不安をぬぐっても、
簡単に出てくるのが不安だから、
そんなことを考えても仕方がない。
安心して生きればいいし、
生きるということは不安と一緒に生きるということ。

楽をしてなにもするな！　ではなく、
自分のできることを一生懸命頑張って、
自分なりの幸せを見つけて、
頑張れる理由を探して、
自分らしく生きることと豊かな心が大切で。

不安なことなど、
考えても多くは解決できない。
不安を消す努力は大切だけど、
考えただけでなにもできないなら、
不安を大きくするだけだから。
いつ隕石が落ちてくるかわからないし、
なるようになるし。
自分の運命がどんなものか、
楽しみながら前に進めばいい。

不安はなくならないから、
気楽に生きればいいし、
気楽に生きると
いい加減に生きるは違うから。
多くのことはなんとかなるし、
なんとかするのが人生だから。

自分を好きでいられる
努力をしているだけ

「自分を好きになれません」
「自分が嫌いです」
そんな悩みを聞くことがあるが、
「人はそんなに自分のことは
好きではないですよ」

多くの人は自分の外見や才能など、
己に不満があるもので。
コンプレックスはあってあたりまえで、
自分のコンプレックスを
克服するのが人生です。

人は老いるから、
自分のことをそんなに好きになれないから、
自分のことを好きでいるように努力する。
自分で自分を嫌いにならないように努力する。
コンプレックスや老いを受け入れて、
自分の良い部分も嫌な部分も、
努力して克服して受け入れていく。
多くの人は自分を好きでいられる
努力をしているだけだから。

本当は、人は自分のことは
それほど好きではないから、
そんなに考えなくていい。

文句があるなら、すべてを投げ出して進めばいい

いろいろな人の悩みや不安を聞くと、
「なにを守っているんだろう」
と疑問に思う時がある。
すべて投げ出してみればいいのに。
なにもなくなってしまったら、
やるしかない、前に進むしかなくなる。
良くも悪くも追い込まないと
人はやらないから。

なにもなくなると、
すべてのことに感謝ができる。
仕事をくれる人や
おもしろがってくれる人、
ご飯をご馳走してくれる人。
周囲の優しさに気がつくから、
自分も優しくなろうと思える。

悩みや不安を抱えるくらいなら、
すべてを失くしてがむしゃらに生きれば、
気がついたら前に進んでいて、
余計なことも考えないでいい。
愚痴も不満も文句もなくなるから、
自分の好きなことに挑戦してみる。
一度きりの人生だから、
やってみるのは悪くはないから。

真面目に一生懸命頑張っていれば、
たとえダメでも、
必ず助けてくれる人はいるから、
真面目にやってみればいい。

覚悟もなく
誠実でもない人に、
成功も幸せも
来るわけがなく

自分は頑張っている。
そう思っても、自分の「頑張っている」を、
他人が見て頑張っていないと思われたら、
それは頑張っていない。
誰にでも堂々と頑張っていると言えるなら、
まずは自分で「頑張っている」、
「自分は頑張ったと」思わないこと。
それは身勝手な評価で。

あなたが頑張ったか、頑張っていないかは
他人が決めること。
認められるまで続けて、初めて頑張ったことになるだけ。
ほめられるまで続けないといけない。
認められるまで継続しなければいけない。
成功や幸せは大きな壁のその先のそのまた先にある。

なんでも時間はかかるもの。
続けていって、初めてそれは
能力として認められるもの。

覚悟と誠実。
どちらか一方でもいいから、しっかり持たぬ者に
幸運も成功もチャンスもやってこない。
逃したのは己。

運の悪い人は、
辛い時や努力をする時に逃げてしまう。
もう少し頑張ればいいのに。
結果の出ないことに
焦ってしまうよりも。

ここで頑張んないといけない時期に、
遊んでしまう人がいる。
辛抱時に楽をしようと思う人がいる。
そこで逃げてしまうから、
そこで変えてしまうから、
また同じ苦労がやってくる。
そこを乗り越えられる
力をつけてしまえば
楽になるのに。

困難や壁を感じられるところまで、自分は成長したと思えばいい

たくさんの人を見て、
楽をして楽を狙って
楽しくなる人は少なくて。
多くは苦労をかって出たり、
大変なほうに挑戦をしたら、
人生が楽しくなった、
そんな人のほうが多い。

答えや結果の出る前ほど、
人は腐りやすく、
現状をあきらめてしまう。
困難や壁を感じたら、
もう一息だと思って頑張ればいい。
困難や壁を感じられるところまで、
自分は成長したと思えばいい。

自分が変われば
世界は変わる

人生は自分次第で簡単に変わるもので。
自分が変わらなければ、
いつまでたっても
世の中がおもしろくなかったり、
思いどおりにならないことへの
不満が溜まってしまう。
自分次第で不安もなくなるし、
自分次第で簡単に楽しくなる。

自分が他人を助ける人になれば、
自分が助けるから
他人も助けてくれると思える。
自分が弱い人に力を貸すから、
自分が弱い立場になった時に
助けてもらえると思うもの。

すべては自分次第。

どんな世の中が素敵なのか。
どんな人が素敵で、
どんな人が魅力的なのか、
よく考えて、
自分がそうなれるように生きてみる。

人生は自分次第で簡単に変わる。
それは自分を変えるということ。
現状に不満や不安があるなら、
己があらためることがあるということ。
不満や嫉妬や妬みがある自分を捨てればいい。
自分が変われば世界は変わる。

不安なんてことはあたりまえのことだから、
それは悩みでもなんでもない

人は賢くなり過ぎればなり過ぎるほど
不安になる。
想像力が豊かになるから、
情報が入れば入るほど不安になる。
「隕石が落ちるかも」
そんなこと知らなければ不安にならないのに。
あきらめが悪いから。
生きると死ぬは対だから仕方がない。

大切なのはいつ死んでもいいように
どう生きるかで、
不安になっても心配ばかりしても、
元気で明るく生きても同じ。

なんのために生きるのか。
好きなことを見つけて楽しく生きればいい。
メンタルが弱いとか、
心が強くならないとか、
そんなの全員ごまかしながら
生きているだけで、
本当は誰も強くない。
強くならなくてもいいけれど、
開き直って生きたほうがよっぽど楽しいのに。

不安なんてことは
あたりまえのことだから、
それは悩みでもなんでもない。

感謝のある人に
次がある

感謝することにいつ気がつくのか。
嫌なことも辛いこともあるけれど、
点が点のままだから。
点を線にするのは感謝だから。

感謝のない人はなにも変わらない。
感謝がないから次がない。
感謝ができれば明るい未来がある。

現状が辛いとか嫌だとか、
そんなことを思う前に、
今、自分はなにに感謝できるのか
考えてみるといい。
感謝していると思っても、
足らないことなどいっぱいで、
日々感謝を忘れるから、
失ってしまうこともある。

なんにでもできるものだから、
感謝は誰にでもなんにでも
できることだと気がつくといい。
感謝は、してもし続けても、
足りるものではないから。
感謝のある人に次がある。

昨日の自分に
責任を取る
必要はなく

昨日の自分に責任を取る必要はなく、
昨日の自分は昨日の自分、
今日は自分で、明日は別の自分なだけで。

行き当たりばったりの選択から
逃げてしまった人、
行き当たりばったりの決断から
逃げてしまった人は成功しない。
成功者や幸福な人は、
行き当たりばったりを繰り返しているだけ。
責任を取っているわけでもなく、
その時にただ判断しているだけ。

人は間違うから。人は迷うから。
間違うことも迷うことも負けではない。
そこから学ぼうとしないことが問題で、
そこからなにを経験して
なにを得られるのか。
その時その時で
学べることはたくさんあるから。

昨日の自分は昨日の自分。
今日の自分は今日の自分。
明日の自分は
明日にならないとわからないだけ。

早ければいいわけではない

ウサギとカメ。
多くの人が知っている有名な話。
先に進むウサギとゆっくり進むカメ。
それは時代の流れや人生と同じ。
なんでも早ければいいわけではない。
ネットや情報を簡単に入手して、
知恵や情報を得ていると思い
油断していると、
地道に頑張って情報を集めたり、
じっくり経験を積んでいる人に
負けることがある。
まさに現代を言い表している話でもある。

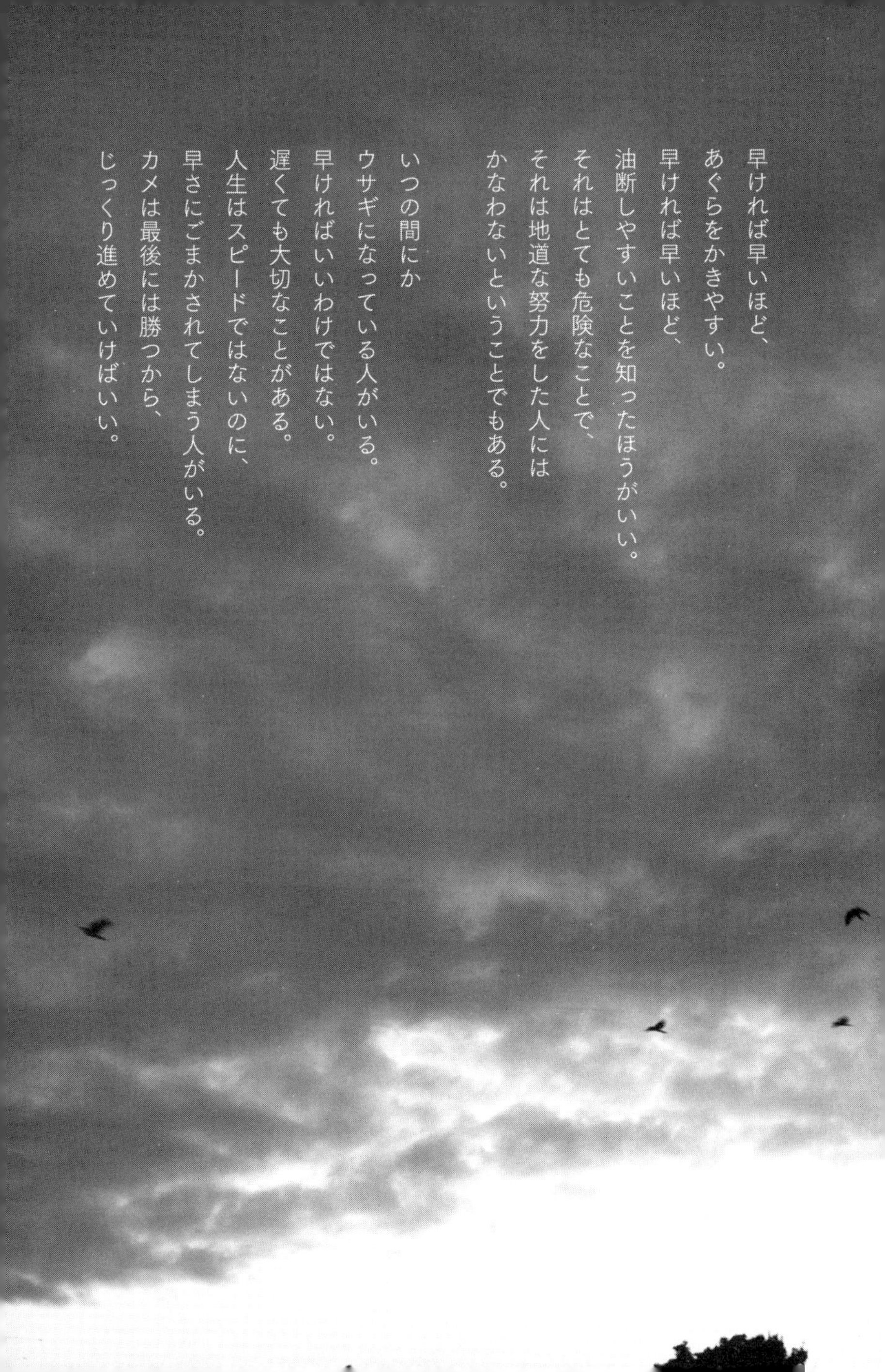

早ければ早いほど、
あぐらをかきやすい。
早ければ早いほど、
油断しやすいことを知ったほうがいい。
それはとても危険なことで、
それは地道な努力をした人には
かなわないということでもある。

いつの間にか
ウサギになっている人がいる。
早ければいいわけではない。
遅くても大切なことがある。
人生はスピードではないのに、
早さにごまかされてしまう人がいる。
カメは最後には勝つから、
じっくり進めていけばいい。

誰のためなら
頑張れるのか
考えてみると、
また一歩
成長できる

自分のために頑張ってくれる人、
自分のために我慢してくれる人、
自分のために動いてくれる人のために
頑張ることが、
本当に頑張らなくてはならないこと。

それは誰のためなのか。
一緒に仕事をしている人のためなのか、
家族のためなのか。
誰かのために頑張れば
周囲も本当に動いてくれる。
自分だけのために頑張る人に、
他人はそう簡単に協力してくれない。

自分本位の自分だけの
「頑張っている」は評価されない。
結果的に自分が苦しくなるだけ、
不満が溜まるだけ。
感謝されることと
喜ばれることの幸せを
早く知ったほうがいい。

日々頑張ることはあたりまえだけど、
それは誰のためなのか。
誰のためなら
頑張れるのか考えてみると、
また一歩成長できる。

面倒の先が
いちばん
おもしろい

面倒だ。面倒くさい。
その面倒に価値があり、
その面倒の先に喜びと幸せがある。
面倒を避けるからドンドン面倒が来る。
面倒を避ければ避けるほど、
不運や不幸は大きくなる。

簡単なことに価値がなくても、
それを続けると価値が出る。
誰でもできる単純なことを、
ただ続けるだけでいい。
誰も続けられないから価値ができる。
誰も続けられなかったから評価される。

面倒だと思ったら続けてみればいい。
長く続けると、面倒は面倒ではなくなり
あたりまえになる。
あたりまえになって飽きても、
それを続けた先に、
大きな幸せが待っているかもしれない。
面倒の先がいちばんおもしろい。

後悔はしないけれど反省はする

人生に反省は必要。
自分のできないことと
できることの分別をつけることは
大切なことだから、
そこでできないことや
失敗したことから反省して
学ぶことが大切。
だから後悔はしない。

後悔も反省もしない人がいる。
己が悔やめば変わりもする。
他人の責任にしているから、
いつまでも同じことを繰り返している。

時には後悔も良い場合がある。
後悔をするほどのことがあったから、
悔しかった思いがあるから、
他に活かせる人もいる。
二度と後悔しないように。
それもまた学びで、
どちらでも結局そこからなにを学べるか。
過去は過去で仕方がないから、
次の一歩に進める起爆剤になれれば、
それでいいのかも。

過小評価と謙遜は大きく違う

謙虚な気持ちでいたり、
謙遜することは美徳としてはいいが、
だからといって、
なんでもマイナスに
受け止めることとは違う。
勝手に卑屈になって、
「どうせ自分は……」
どうせとなるなら
開き直ればいいのに、

それすらもしないで、
ダメだダメだで、
自分のプライドばかり守って
前に進もうともしない。

無理矢理でも、プラスのほうに
ポジティブな言葉や発想の
訓練をしないといけない。
いきなりポジティブにはなれないから、
1日1回でもいいから、
ポジティブを発することが大切で。

謙遜や謙虚な気持ちは大切だけど、
それと自分を過小評価することや
卑屈は大きく違う。
無理にプラスにならなくてもいいけれど、
プラスやポジティブな発想を、
日々楽しむくらいはやっておいたほうが
人生が少し楽しくなる。
「ダメじゃないですか〜」は
なにがダメなの?
日々ポジティブになれるように
生きるといい。

人生は足し算が大切で、足し続ければそれは大きな数になる

すべての人はなんにもできない。
でも、なにかひとつくらいは
極めることや才能や
向いていることがある。
それを見つけて、
それを磨くことで、
特徴や個性が出て認められて、
やっと1になる。
1を手に入れてから、
他のことを始めて、
また違う1を手に入れて2にする。
とても地道なことをする。

人生は足し算がいい。
1を足して、また1を足す。
その足し算を繰り返した人が協力するから、
大きな数になって力になる。
まずは己が1になること。
一つを極めて、
そこからまた新たな1を
見つけるといい。
足し算は永遠に0にはならないから。

日々、1を大切に。
一つひとつが必ず足されるから。

考えてもそれは無駄な時間

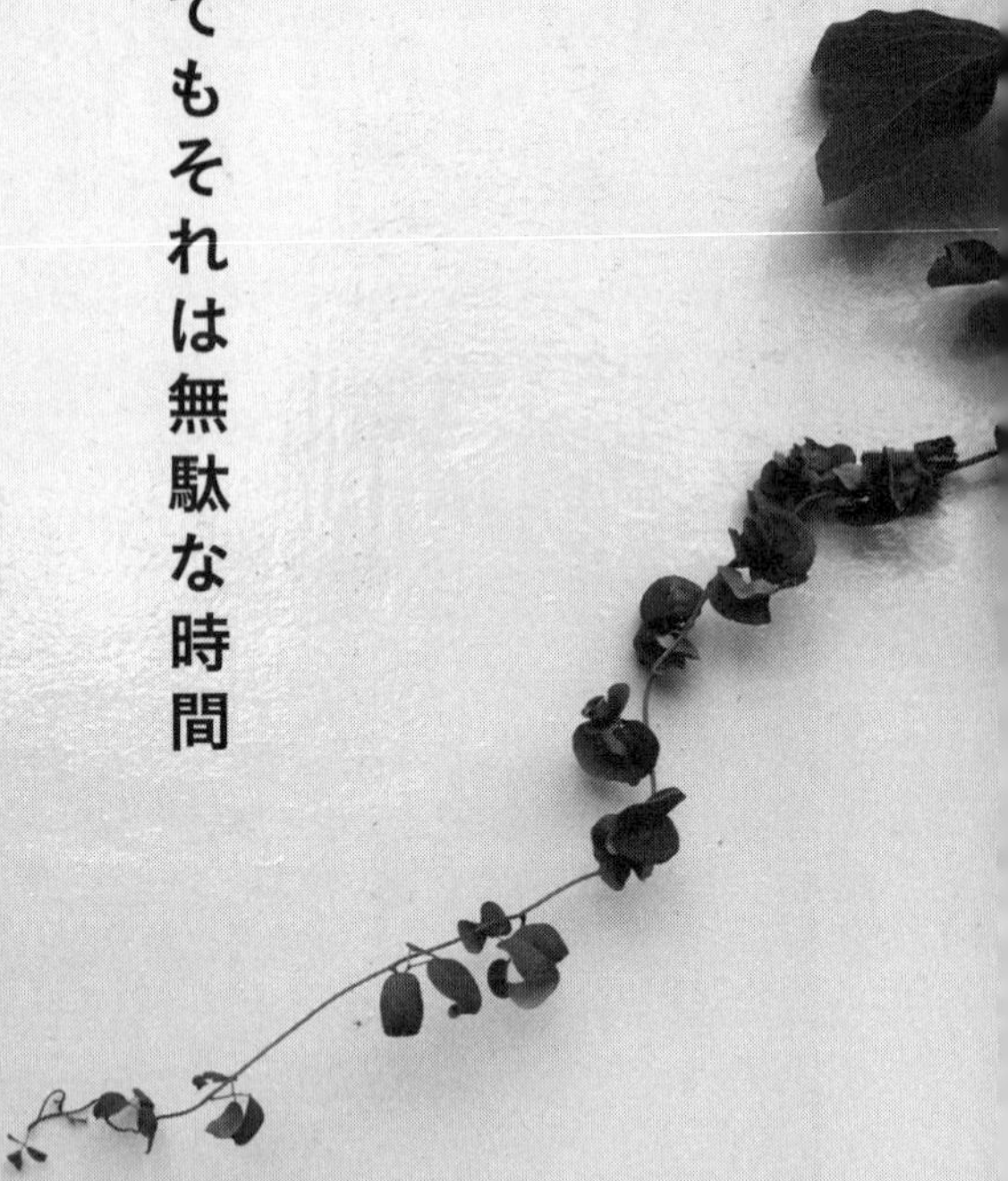

まずは行動することだけが大切で、
考えてもそれは無駄な時間で。

考えて答えが出せた人などいないから、
行動して失敗をして、
そこから学ぶことを繰り返す。
同じ失敗を繰り返さないように、
想像力を膨らます。
考えることと
想像力を身につけることは少し違う。
良いことも悪いことも
想像してから行動をする。
自分の想像の範囲内なのか、
想像以上のことがあるのか、
それを嫌だと思うのか、
それを楽しもうとするのかで大きく違う。

待っていてもなにも来ないから、
自分で行動して
体験することに価値がある。
大切なことは、
誰も体験しなかった経験が
重要になってくる。
自分しかわからないこと、
自分しか感じられないこと、
それは価値になる。
そのためにも、まずは行動を、
そこからなにを経験して
なにを得るか。

面倒なことに幸福があり、
楽なところには苦労しかない。
日々行動して前に進めばいい。

過去は変えられないが、
思い出は変えられる

過去の記憶や過去に起きたことは、
確かに変わらない。
でも、過去の思い出が変われば、
今がドンドン楽しくなる。

あの時の不運や不幸を
いつまでも見ていると、
過去の嫌な思い出にしがみついていると、
なにも変わらない。
妬んだり恨んだりしても
過去は変わらない。
ドンドン嫌なことが膨らんで、
そこにしがみついて、
苦しくなるのは自分なのに。
しがみつくから、また苦しくなる。

人は誰でも嫌なことや苦労がある。
楽しそうにしている人でも苦労はある。
でも、楽しそうに、
おもしろそうにしている人は、
嫌な思い出にしがみついていないだけ。
嫌な思い出はドンドン捨てて、
楽しい思い出に変えているだけ。

嫌な思い出は捨てればいい。
なんで嫌なのにしがみついているの？
そう思って捨てて前に進めばいい。

あたりまえのことを
あたりまえにやっていれば、
あたりまえに良くなる。
人生、どこかでつまずいたり、
凹んだりということは、
誰にでもあるけれど、
あたりまえに生活をしていれば、
あたりまえに助けが入ったり、
その都度、
アドバイスしてくれる人がいるもの。

人生は言い訳できないように、
自分を成長させないといけない。
それはとてもあたりまえのことなんですが、

なかなかむずかしいと思ってしまう人がいる。
本当はむずかしくないのにむずかしいと。
自分は正しいと思い込んでいるから。
挫折や失敗が多いなら、
どこか自分の人生を、
生き方を疑ってみないと。
あたりまえだと言われることを
少しずつでもいいので
やってみるといい。

日々、人に会って、人と話して。
あたりまえのことが
あたりまえにできる人のほうが、
順調で人生を楽しんでいる。

あたりまえのことを
あたりまえに
やっていれば

第2章　幸せになるって

つまらない
人生なんて
ないから

つまらない人生なんてないし、
自分の発想力がないだけで、
簡単につまらないなんて
思ってはいけない。
そう思ったら、
「つまらないな」
発想を変えて、
視点を変えたらおもしろい。

「つまらない」と思うのは、
自分がつまらない人に
なっているから。
つまらない人生なんてないから。
つまらないと思わなければ、
人生は楽しくなる。

人には幸せの器があると思う

人には幸せの器があると思う。
目に見えない心の幸せの器。
幸せの価値観が人と違うように、
幸せの器は人それぞれ違う。

幸せの器を超える幸せは、
不幸の始まりでしかないし。
でも、自分はこの程度かなと
ほどほどにしてしまうと、
それもまた満足しない。
自分の幸せの器スレスレの幸せが
案外いちばんいいかも。

あとは自分の幸せを変化させること。
自分の幸せの器が
大きくなったり、
小さくなったりすれば、
いつでも幸せを感じられる。
いろいろな幸せがあると
知ることが大切で、
それをうらやむのではなく、
柔軟な発想、柔軟な幸せな方法を
見つけられるように。
自分の幸せの器はどんな形なのか、
柔軟性はあるのか、
一度考えてみるのもいいかも。

なにごとも
ほどほどなところに
幸せがある

結婚＝幸せだと
思っている人は
結婚できない。
結婚するから確実に
幸せになるわけではない。
人はそんなに簡単に
幸せにならない。
結婚して幸せになるかは、
結婚してみないとわからない。
でも、結婚＝幸せだと
思い込んでいる人がいる。

たとえ結婚しても、
自分がなにをしたら
幸せなのか、
なにをしている時が
幸せなのか。
それがわからない人は
なにをしても
幸せにはならない。
結婚してから、
どうしたら幸せになるか、
考えればいいのでは。
結婚に意味を考えたり、
幸せに意味を考えたり。
先に意味を考えるから、
結婚が遠のく。
意味は後からついてくる。

幸せを探すのではなく、
幸せは自分で作るものだから。
考えすぎ、考えすぎ。
情報を集めすぎ。
知れば知るほど、
人は不幸をたくさん知る。
なにごとも
ほどほどなところに幸せがある。

人生に勝ちも負けもない

人生に勝ちも負けもない。
幸せも不幸せもない。
半々ですよ。
一見、幸せに見える人にも
悩みはある。
一見、不幸に見えても
幸せな時がある。
絶対的な幸せはない。
絶対的な不幸もない。

人は成長しているようで、
なにも変わっていない。
自分のサイズに合った
幸せしか手にできない。
手に余る幸せは
悩みや不安に変わる。

幸せになるために
生きていたのに、
結果的に不幸も手に入れる。
完全はない。不完全もない。
ただそれだけ。

自分は自分。
人は人。
自分の定規を持って、
自分の身の丈に合った
幸せをつかめば、
ただそれだけでいいのに。
欲があっても欲がなくても、
半々ですよ。
幸せも不幸もなにも変わらない。

単純に
「ありがとう」の回数が多い人は、
幸せになっている。
「ありがとう」の多い人は、
良い人に囲まれたり、
生活にゆとりがあったり。
親の教育なのか、自然なのか、
わからないけれど、
「ありがとう」が多い人には、
幸運が来る。
「ありがとう」から
幸運がスタートする。

「ありがとう」を素直に言える人になれるといい

試しに「ありがとう」と
言ってみましょう。
そんなにむずかしいことでもないし、
ほんの少し意識をするだけ。
今すぐに始められる。
人それぞれの判断だけど、
「ありがとう」くらい素直に言えないで、
「ありがとう」が自然に出せないようでは、
人として、どこかやっぱり
魅力に欠けてしまう。
たったそれだけのことなのに。
「ありがとう」を
素直に言える人になれるといい。

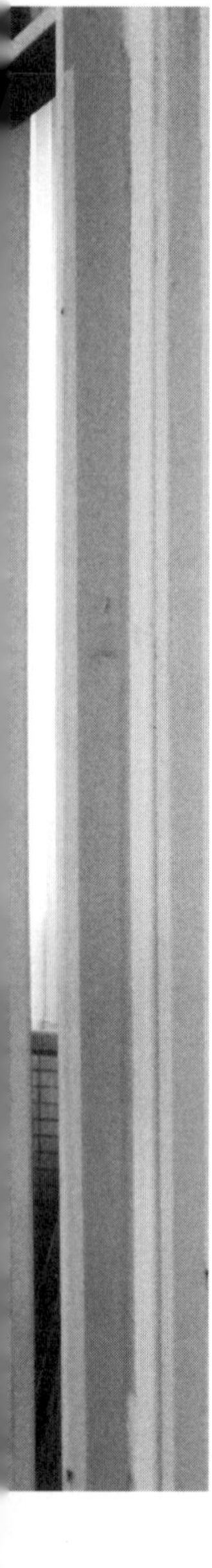

苦労を感じないことが、いちばんの幸福かもしれない

「苦労を苦労と思わない」
これが人として幸福を得られる
最大の近道かも。

苦労している。
自分だけが辛い。
そう思う人は、
それだけの人だと思う。
そこに必要なのは
自己分析能力と想像力。
なぜ自分は苦労しているのか。

それは本当に苦労なのか？
単純に実力不足や
経験不足の場合が多いなら、
学習すればいいし、
努力すればいい。
なぜ苦労を感じるのか。
自分になにが足らないのか。
足らないものを埋めるのも、
それまた人生。

「苦労なんてしたことがない」
そんなことを言える人に
なれればいい。
苦労の度合いは
人それぞれ違うから。
苦労していない人はいないから。

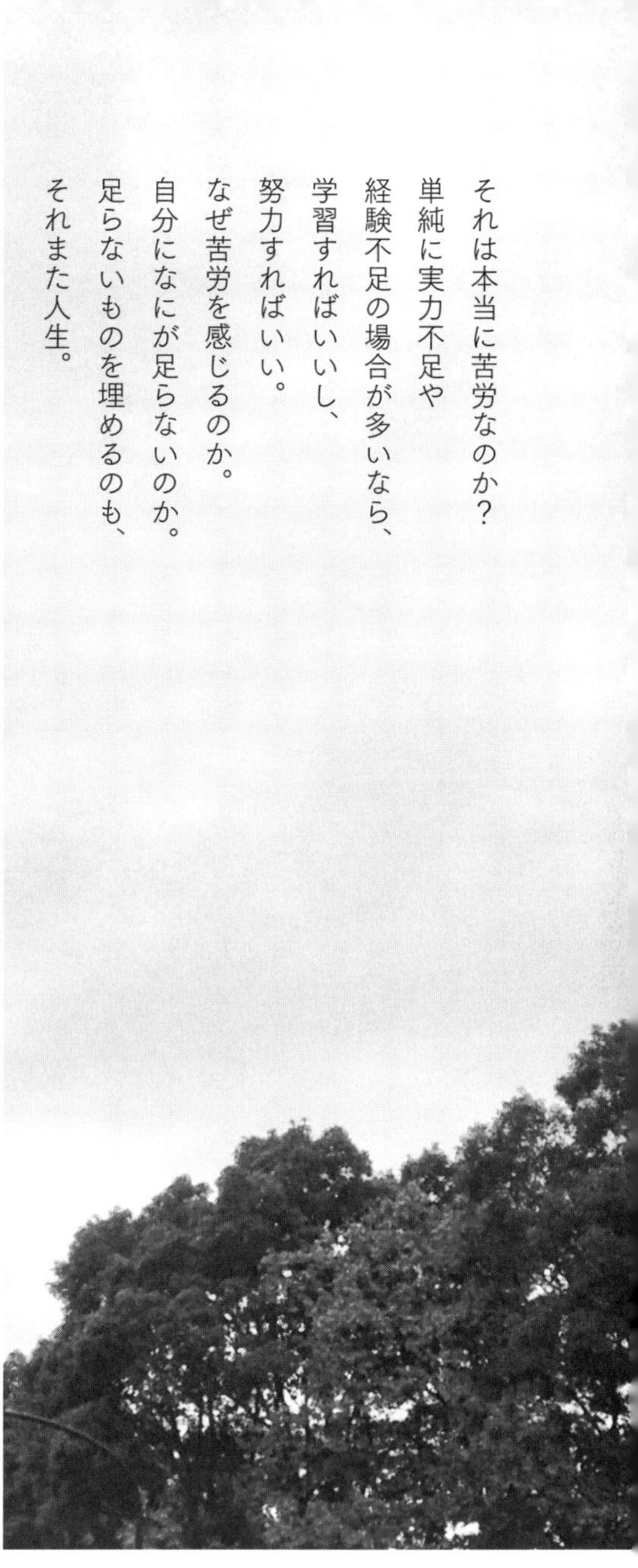

自分の思いどおりに
ならないけれど、
幸せになることもある

「もう死のう」、そう思って
「過労死して会社を困らせてやる！」と
死ぬほど働いたら、
「すごい出世して、今は幸せです」という
おっさんを僕は知っています。
人生はどこでどうなるかわからないし、
自分の思いどおりにならないけれど、
幸せになることもあるし、
自分の思いどおりにやったのに
幸せにならない場合もある。

どれが正解で、どれが失敗なのかは、
案外わからないものだが。
結果的に今の人生が良かったと、
今が楽しいし、
今がおもしろいと思えたら、
それがいちばんで、
それが未来に継続できればいい。
自分のことだけでなく、
他人もともに幸せにできれば、
もっと大きな幸せをつかむだけ。

自分はなんのためなら
頑張れるか？
なにを目標にすれば
努力を続けられるか？

人はサボってしまったり、
手を抜いてしまうことがある。
そこに頑張る理由がなくなってしまうと、
人は頑張れなくなる。
「どうして頑張るのか」
「どうやったら頑張れるか
教えてください」
そんなことを
質問してくる人がいるけれど、
頑張れる理由を探すのが人生で、
結果的に頑張ってしまうだけ。

多くのお金で変わる幸せは、
飽きてしまうことや
慣れてしまうことが多いから、
恋人のためや
家族のために頑張ってみたり、
責任感や会社や職場の人や、
人生は頑張る理由を探す旅
みたいなもので。

理由が変われば、
また次の理由が欲しくて。
理由がない時の頑張りは、
疲れてしまうだけで。
人は常に
頑張る理由を探す必要がある。

「おもしろい」を口ぐせにすると幸せになる。
「おもしろい」をたくさん言うといい。
人生は、
「おもしろい」と言った数と
幸せが比例すると思う。

おもしろいを探すくせが身につけば

初めて会った人が冗談を言う人、
周囲を楽しませようとする人だったら、

「おもしろい人ですね」

「それ、おもしろいですね」

そう言ってみてください。

「おもしろい」と言われて
機嫌の悪くなる人はいないから。
なんでもいいから
「おもしろい!」と言う
口ぐせを身につけてみてください。
あなたへの評価も上がるし、
またあなたに会いたいと
思わせられる。

「おもしろい」と言うだけで、
人脈が広がって、
人脈が広がれば、
恋のチャンスも
仕事のチャンスも広がってくる。
おもしろいを探すくせが身につけば、
人生はもっとおもしろくなる。

ほんの1ミリでも、
ほんの少しでも
幸福や幸せを
見つけられた人が幸せで。
他人の気がつかない幸せにまで、
気がつくように生きられるかが大切で。
強いとか弱いとかではなく、
ある程度、自分の幅や器を
理解して受け止める。
自分ってものさじ加減、
自分ってものの定規が
しっかりできれば、
幸せの尺度も見えてくる。

幸せってなんなのか。
幸せって気がつくことで、

ほんの少しでも、
幸福や幸せを
見つけられた人が幸せ

幸せって受け入れて楽しむこと。
他人からの意見はどうでもいい。
幸せの角度の変え方。
そんなところに
幸せを見つけて、
そんなところで
幸せを感じられる。
自分と違う幸せの価値観を
教えてもらうといい。

どんな時でも、どんなことでも、
小さな幸せはある。
ひとかけらの幸せは必ずある。
それに気がつけるように、
どう生きるか。

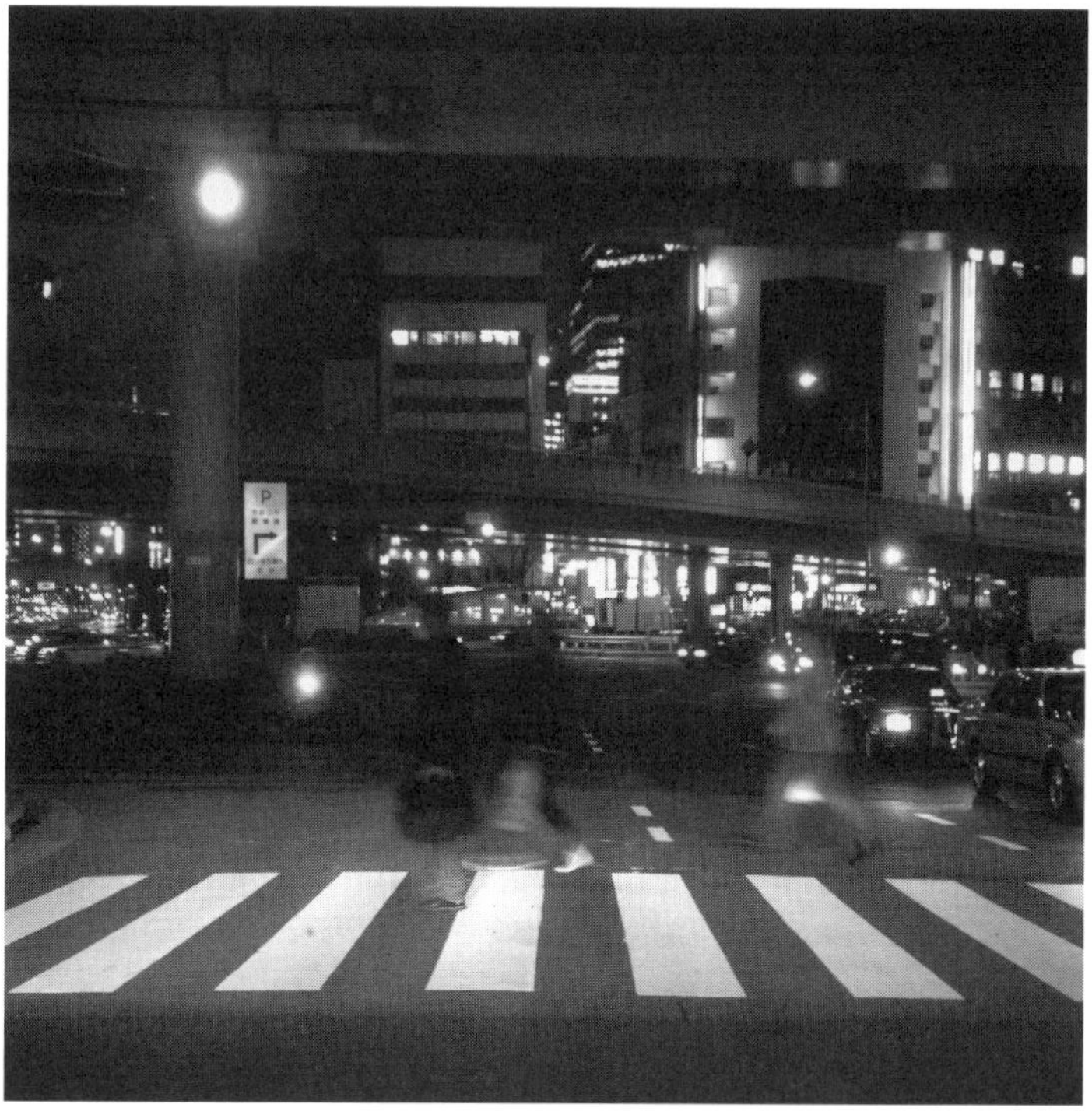

喜んでもらえる幸せを知った人が、
本当に幸せになる

与える幸せを、
喜んでもらえる幸せを知った人が
本当に幸せになる。
受身でいつまでも待っていても、
幸せはやってこない。
自分の喜びが幸せだと思っているから、
幸せに飽きているだけで、
他人の喜びを自分の幸せに
変えることができたら、
人の数だけ幸せになれる。
誰もがその幸せの権利を持っているもの。

幸せになりたいなら、
自分のことよりも、他人をほめて、
他人の才能を認めてあげるといい。
評価をしてあげるといい。

その人はあなたのために頑張ってくれるし、
努力を続けてくれるから。
次第にそれが
己の幸せに変わってくるから。

努力を怠ったり、
才能がないと言う人でも、
自分以外の人をほめたり、
認めてあげるだけでもいい。
他人をほめられれば、
それは立派な才能で、
人の良さを素直にいいと
言ってあげるだけでいい。

他人の幸せを作ってあげられる人に、
人は誰でもなれるから。

どんな人も、これまで誰一人
思いどおりに生きた人はいない

人生は絶対に
思いどおりにならない。
どんな人も、
これまで誰一人
思いどおりに生きた人はいない。
思いどおりにならないことが
あたりまえだと、
早く気がついたほうが楽でいい。
思いどおりになろうとすることは、
浅はかで苦しくなるだけ。
人生は思いどおりにならないことを
どうやって楽しむか。

理想は理想で、
現実は現実で。
それが悪いのではなく、

その流れがあることを
覚えておいたほうがいい。
誰一人、思いどおりになっていないけれど、
幸せな人はたくさんいるから。
思いどおりにならなくても
幸福感は得られるから。
思いどおりになることですら、
本当はたいしたことでもない。

思いどおりにならないことを
楽しめる自分に、どうなるか。
思いどおりにならなくても
楽しめる人生を送れるように、
自分がどう変わり、
どう成長するかが
人生には必要になる。

幸運は日々、

「楽しいな」「うれしいな」

「おもしろいな」「幸せだな」

「幸運だな」と言い続けた
人のもとに訪れる。

「むずかしい」「楽しくない」
「おもしろくない」「つまらない」
「不幸だ」「幸せにならない」
そう言うから、そう思うから
不幸になっていくだけ。
そもそも
幸せになろうとしていない人が
幸せにならないだけ。

楽しいことを口に出して

現実を受け止めて、
あたりまえのことを
やるだけでいい。
明るくしている人は
明るくなれる。
楽しそうにしていると
楽しくなる。
日々続ける。
続けるから自然と
そうなっていく。

今日はおもしろかった。
あれはおもしろい。
これは楽しい。
これができた。
これが良かった。
一日ひとつでもいいから、
楽しいことを口に出して、
笑顔で楽しくしていればいい。

多少の見栄と
堂々としていることは大切で。
笑顔でいれば、
笑顔になるようなことが起きて、
楽しそうにしていれば、
楽しいことが起きるもの。
堂々としていれば、
なめられなくて、
見栄を張っていれば、
それなりの人に思われる。
それがどれほど大切なのか。
それは自分にためにとても大切なこと。

笑顔で堂々と生きれば、自然と幸せはやってくる

自信もない、笑顔もない人に
人は集まらない。
恋が下手な人の多くは
自信のなさが出てしまう。
ウソでもいいから堂々とすればいい。
偉そうにするのとは違うから、
堂々としていればいい。
本当は臆病でも、
そんなものは簡単にわからないから。

堂々と、どう生きるか。
笑顔で堂々と生きれば、
自然と幸せはやってくる。

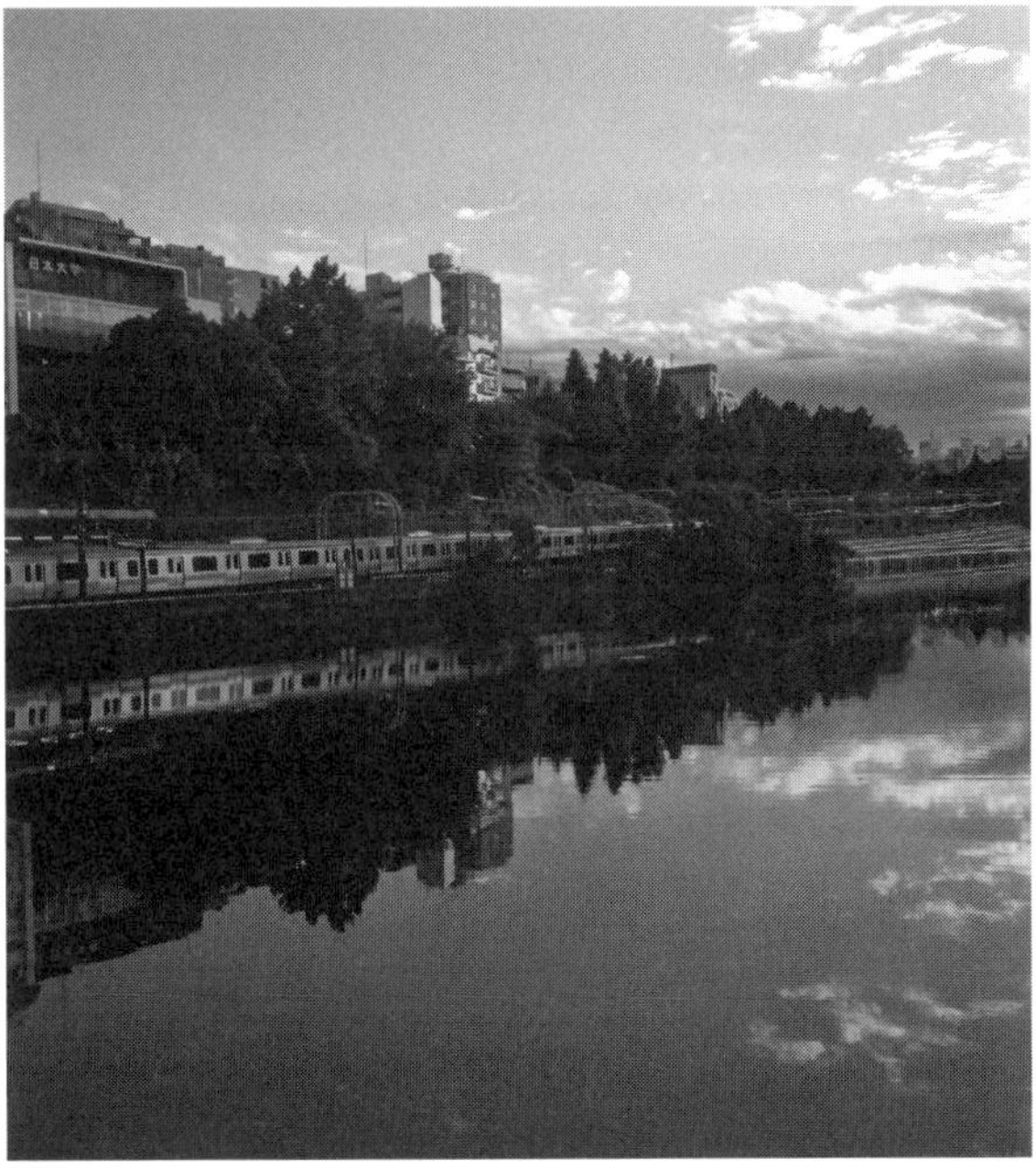

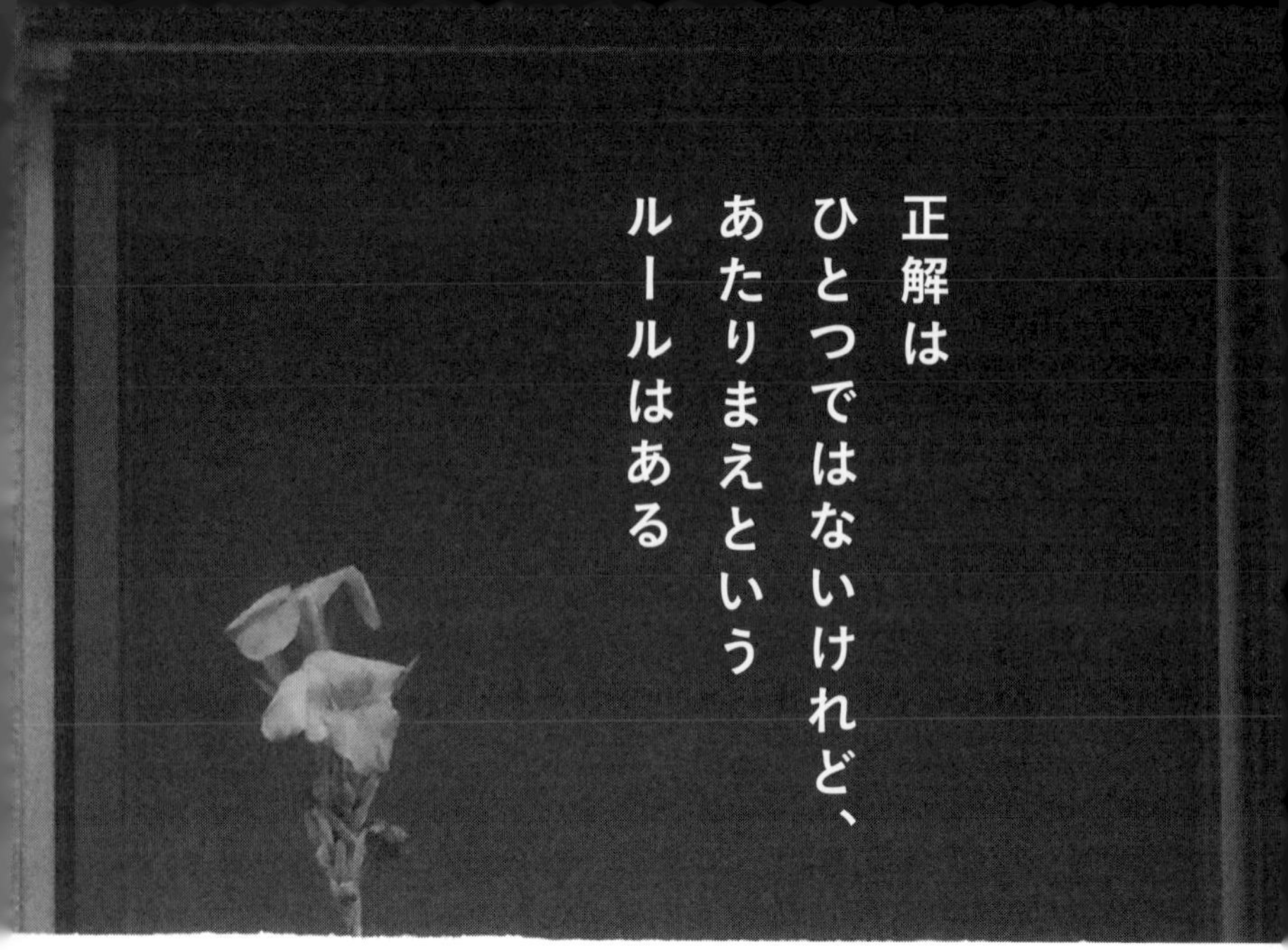

正解は
ひとつではないけれど、
あたりまえという
ルールはある

多くのことはひとつではない。
特に生き方は自由。
自由といっても、ある程度決められた
枠の中での自由で、ルールがある。
そのルールがあるからおもしろい。
おもしろいということは、
面倒だということ。
でもそのほとんどが
あたりまえのことを
あたりまえにやっておけばいい。
「あたりまえってなんだよ！」と
問う人がいるが、
それが生きるということ。
あたりまえを知ることが生きる意味で。
幸せへの近道は、
あたりまえを知って、
あたりまえのことをするだけ。

正解はひとつではないけれど、
あたりまえというルールはある。
正義とか悪ではなく、
人としてあたりまえの生き方とはどんなもので、
どんな生き方が
あたりまえに良くなるものなのか。
それを知り、見つけることが人生で、
その方法はひとつではないので、
好きに探せばいい。

己の向き不向きを知りながら、
自分のできることを全力で一生懸命やれば、
あたりまえに良くなるから。
良くならないのは
あたりまえというルールを、
どこか見落としているから。

幸せになれる嘘は
ついたほうがいい

最初は嘘でもいい。
言葉が先でいい。
嘘だと思っていても、
言葉に出して、出し続ければ、
それはいつか本当になる。
本当に言えるようになってくるまで、
嘘をついたほうがいい。

「ありがとうございます」

「おかげ様です」

「感謝しています」

「お金はあります」

「好きだから」

「大丈夫」

「やってみないとわからない」

「できないと思ったことがない」

「モテる」

「人が好き」

「出会いが多い」

この言葉は嘘でもいいから
発したほうがいい。

幸せになれた時、
その言葉が全部本当になる。
その言葉を全部本気で
言えるようになったら、
幸せになっている。

幸せになれる嘘は
ついたほうがいい。
幸せになれる言葉は
たくさんあるから。
最初は言えるわけがない。
だから嘘でもいい。
その言葉が真実になるまで、
嘘は通したほうがいい。
嘘から始めればいい。
嘘つきは幸せの始まりだから。

人と運と努力って よくできている

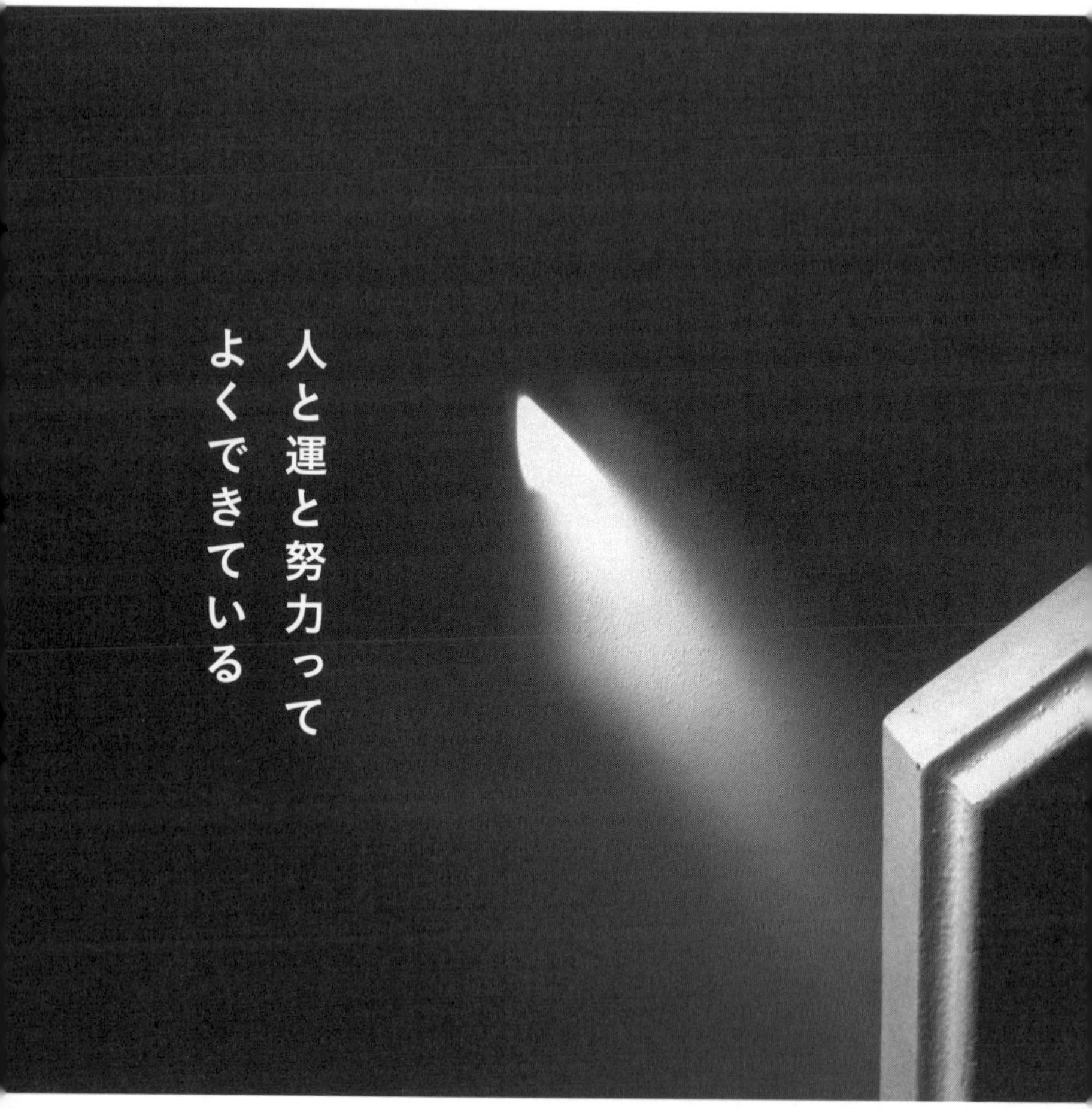

運気の悪い時に
どれだけ努力するか。
運気の良い時に
どれだけ人に優しくするか。
これが自然にわかっている人に
すごい人が多い。

「あ〜、運が悪いな〜」
そう感じるなら、
努力する時期、勉強する時期です。
「なにをやっても運がいいな〜」
そう感じるなら、
周囲の人を助けたり、
応援してあげると、
運気はドンドン良くなるし、
日々が楽しくなる。

運気がドンドン良くなれば、
もっと人との関わりができてくる。
頑張るから運も引き寄せられる。
運が引き寄せられるから、
人も引き寄せられる。
努力して頑張って
実力がついてくると、
周囲は優しくしてくれる。
優しくしてくれるから、
自分も周囲に優しくできる。
人と運と努力ってよくできている。

運は真面目に
頑張っている人が
好きだから

人間、どんなに頑張っても、
どんなに一生懸命になっても、
夢や希望が叶わない時がある。
それは仕方がないこと。
でもそんな時は、
「運がなかった」と、
運のせいにすればいい。
運がなかった。
運が悪かった。
運が巡ってこなかった。
それだけでも少し楽になるから。

運は逃げ道になるけれど、
最初から運のせいにしてはいけない。
99％は実力と努力。
運は最後の最後の言い訳で。

真面目に努力して
頑張っている人には、
いつか必ず
運が味方してくれるから。
それまで腐らないように、
運のせいにしていいから。

運がこっちを向くまで
真面目に頑張ればいい。
「運は真面目に頑張っている人が
好きだから」
それまでは明るく元気で、
テンションを高くして、
「自分は運が良い！」と
言っておくといい。
必ず運はやってくるから。

運動をする人は運が動いて来る

精神力があることと
体力があることは、
同じような感じがする。
体力があれば、
心にもゆとりができるし、
心にゆとりができれば、
体力作りもできる。

体力をつけるためには
日々の努力が必要で、
精神力がいる。
精神を鍛えるなら、
なんやかんや考えるのではなく、
体力作りをしてみるといい。

動く人に運が巡る。
動くためには体力がいる。
体力をつけるためには
精神力がいる。
「運＝精神力＝体力」
運動をする人は運が動いて来る。
動かない人には運も来ない。
運動、よくできた漢字だな〜。

掃除ができない人は、
恋も結婚も仕事もできない。
幸運も巡ってこないし、
一時は良くても
運にいつか見放される。
運を引き寄せたい、
運をしっかりつかみたいならば、
整理整頓と掃除は
常に心がけなければいけない。

では、なぜそれほど
掃除や整理整頓が大切なのか？
あたりまえだから。
あたりまえのことを
あたりまえにすればいいだけ。

運をしっかりつかみたいならば、整理整頓と掃除は常に心がけなければいけない

「自分もいいし、
他人もいいと思える」
第一歩は、掃除。
掃除をすることで
誰かの不愉快を解消できたり、
誰かを喜ばすこともできる。
掃除をするだけで、
見知らぬ誰かを
幸せにもできる。
運はそんな人に
集まってくる。
思いやりのある人に
運は集まってくるから、
整理整頓や掃除は
マメにしたほうがいい。

学ぶ心がいちばん
幸運を引き寄せられる

この先、不運なことが起きる。
ある程度の確率で、
それは当たる。
でも全部を僕は
教えないことがある。
不運や悪いことは
経験しないとわからないし、
避けてばかりいては、
人は強くならないし、
鍛えられない。
そこでなにを学習するか。
これがいちばん大切。

あ〜運が悪かった、最悪だ〜、で
終わらせるから繰り返す。
なぜ不運なんだろう?

なぜ不運に感じる？
なんで良くならない？
よく考えてみると、
原因がどこかにある。
それを学ぶために
不運があると思うといい。
他人が悪いと責めている間は
なにも変わらない。
不運は永久に繰り返す。

決断したのは自分。
不運から学びましょう。
学ぶ心がいちばん
幸運を引き寄せられる。

運はいつ来るか
わからないから
気長に待てるように

「運」任せな人生ほど
ダメなものはなく、
そんな人に限って
「運が悪い」と言ってしまう。
「運」は運の悪口を言う場所が大嫌いで、
ドンドン運は逃げていく。
なにがあっても、
どんなことが起きても、
「運が良い」と言うところに
運が集まる。

頑張っているなら、
そのまま頑張っていれば
運は回ってくるもの。
腐ってしまっては、
運が回ってきても
チャンスを逃したり、
気がつかなかったりする。

不運だな〜、順調に進まないな〜、
と嘆くなら、それは運の順番待ち。
明日来るかもしれないし、
来年かもしれない。
10年後かもしれないから。
運はいつ来るかわからないから、
気長に待てるような状況を
自分で作っておくといい。

結局、
運が良かったと思えることが大切

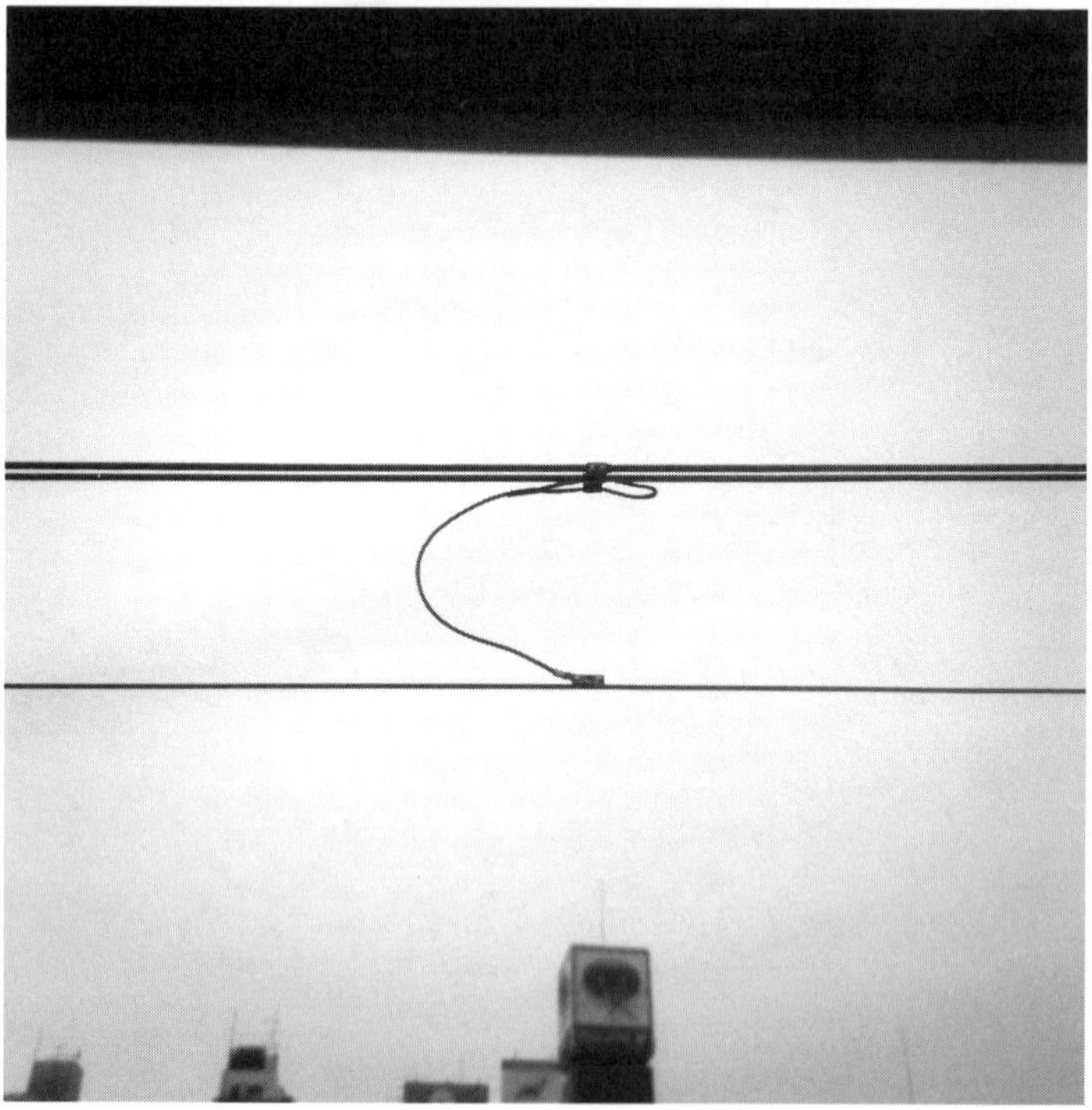

過去のすべては「運が良かった」。
そう思える人は、
人生でなにが幸せか
よくわかっている。
痛い目を味わうから
見えることがたくさんある。
痛い目を味わうから
体が覚えることがある。
誰もが、言われただけで
理解できるわけではなく、
痛みから学んだっていい。

その時に「運が悪かったな〜」
「不幸だったな〜」ではなく、
そこでなにを学んだか、
そのくらいで済んで良かった、
だから今がある。
そう前向きに思える生き方が
とても大切で。

多くの不運だとか嫌だとか思うことは
自分が未熟だということ。
自分の欠点や弱点が見えただけ。
見えたなら、そこを強化すればいいし、
なにかで補えばいい。

案外、嫌な出来事は、
後々良い思い出になったりする。
結局、運が良かったと
思えることが大切だと。

運と運気はまったく違うもので

運と運気はまったく違うもので。
一瞬の出来事は運。
運気は心。
ものごとの始まりに大切なのは心で、
「心技体」とは、
技術と体（健康）がある前に、
心がいちばん最初にある。
心がなければ、
技術が身につかないし、
健康な体も維持できない。

時には自分と
真逆に行くことも大切で。
人は自分の真逆を
不運や不幸だと勘違いをする。
自分の中にある裏の自分、
表面には見えない裏の心がある。
これが理解できると、
人の心の流れやリズムがわかってくる。

大切なのは自分の心の乱れを
普段どおりの揺れにできるか、
乱れないように
どうコントロールするか。
そのリズムが書かれているのが占いで、
飽きてしまう時期や
普段と違う気持ちになるタイミングが
書かれている。
運気とは人の心。
占いとは心のリズムを知る道具。
考え方と発想力で、
人生はいくらでも楽しく、おもしろくなる。

第3章

愛されるって

いろんな人に会ってみると
わかることがある

人と触れ合わないと、
人は強くならない。
強く生きたいなら、
いろんな人に会ったほうがいい。
人に会うこと、
人とつき合うことは、
エネルギーを使うし、
疲れるし、考える。
人とつき合うことで
人は成長するし、強くなる。

偽ってつき合わない。
言いたいことは言う。
相手の話は聞く。
思いやりや良心を持つ。
その人に会えたことに感謝して。

別れても次がある。
今回がダメでも、
次はもっといい恋が
できるかもしれない。

人との出会いに
臆病にならないように。
人生に、出会いに、
間違いはないから。
あの時、あの瞬間、
あの選択をした、
自分を否定しないで。
いろんな人に会って、
自分の幸せをもっと考えて。

人に合わせる楽しさを見つけましょう

人の言うことを聞くのは
嫌だと言う人がいるが、
それでは視野が
狭くなるだけ。
他人に合わせるって、
実は楽しいことが多い。
知らないお店に行けたり、
経験したことのない
こともできるし、

新しい趣味もできたり。
他人に合わせるって
いいことだし、楽しい。
人間一人の情報なんて
しょせん、
たいしたことがない。

人を避けたり、
批判していては、

見られないことが
たくさんありすぎる。
他人に合わせる、流される。
その中で自分がなにを学べるか。
「今日は他人に
すべて合わせてみよう」
そんな日があってもいいかも。
人に合わせる楽しさを
見つけましょう。

人は
ほめられる場所に
居続けるから

ほめられないから、
頑張っても仕方がないのではなく、
ほめられないなら、
まずは自分から
他人をほめてみましょう。
なんでもいいので、他人を認めて、
他人をほめてみてください。
そのうち、
あなたをほめてくれる人が集まってくる。
「人はほめてくれる人が好きだから」
ほめてくれる人は、
今度はあなたをほめてくれる。
なかなかほめてくれなくても、
他人をほめ続けられる人には、
いつか必ず良い人が集まってくるから。

「ここはダメでも、
あなたのここはいいと思う」
批判や否定をするなら、
なおさら相手をほめないと。
ほめられない批判や否定は、
相手にも自分のためにもならないから。
もっと人をほめよ。
人はほめられる場所に居続けるから。

素直に言い続けられる人になってみると

「この人に会いたい！」
憧れの人の話をしていれば、
その人に会えなくても、
情報を教えてくれたり、
運が良ければ本当に会えてしまう。

「言葉は力だな」。常に思う。
自分の好きなことを
恥ずかしがって言わないでいると、

ドンドン自分の好きが遠のいてしまう。
自分の好きはハッキリ言ったほうがいい。
「自分の好きに素直になれる人が、
自分の好きを手にできる」
素直に好きと言える人だから、
周囲も協力してくれる。
自分の好きなものを見つければ、
生きるパワーにもなるから。

あなたは今、なにが好きですか？

誰が好きですか？

「自分はこれが好きです」

素直に言い続けられる人になってみると、
また人生は楽しくなる。

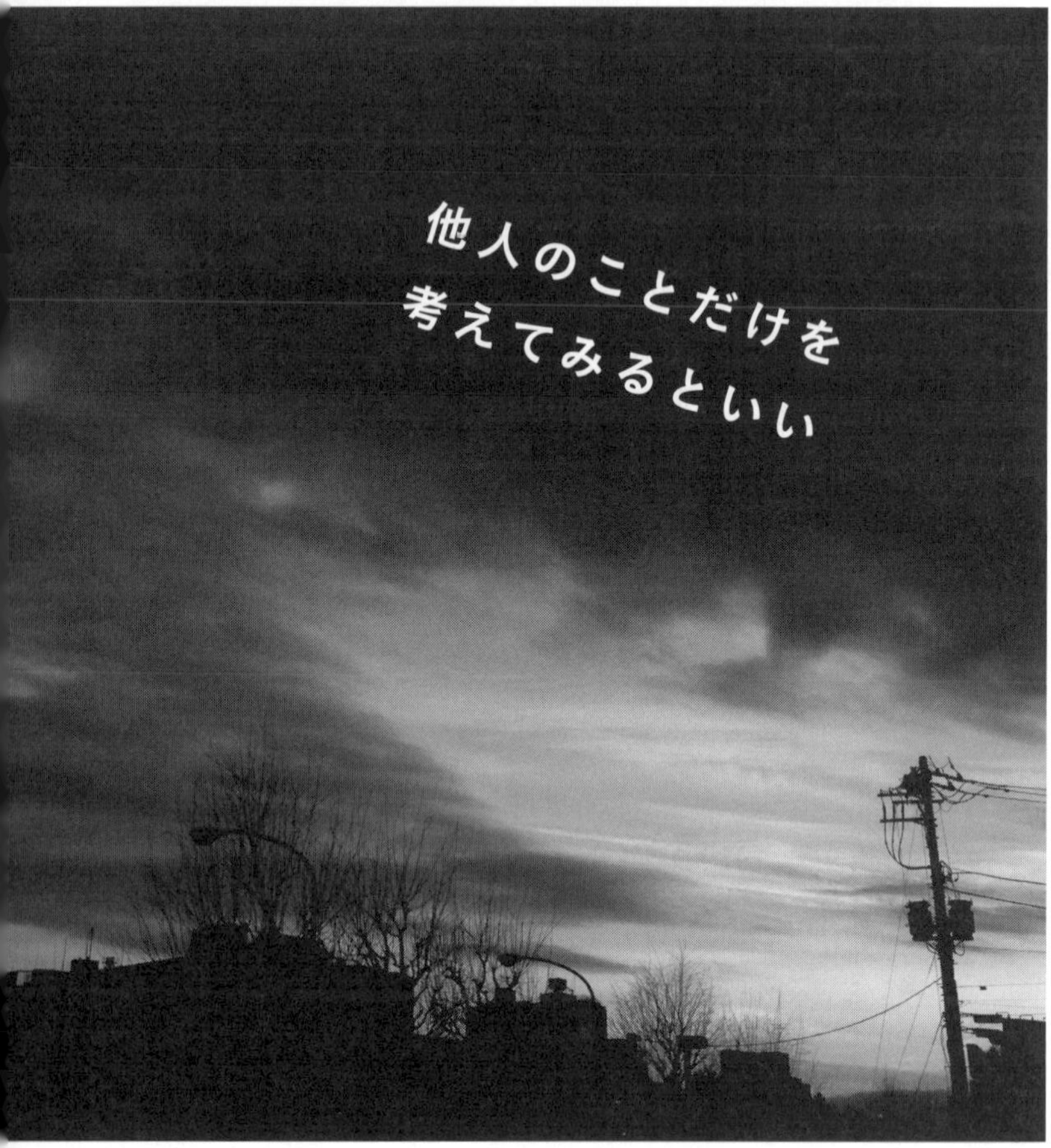
他人のことだけを
考えてみるといい

ほとんどの人の悩みは、
自分のことだけを考えている。
一度、自分のことではなく、
他人のことだけを考えてみるといい。
これはかなり
むずかしいことかもしれないけど。

自分のことばかり考えていると、
ドンドン悩みや不安から
抜けられなくなる。
他の人のことを考えると、
案外楽になる場合が多い。

人のために努力したり、
人のために考える。
結果的に
自分のことを考えるのではなく、
一度、他の人のことを考える。
これはすごく大切で、
すごく楽しいこと。
いろいろなことが楽になる。

とてもむずかしいことなので、
すぐに実行できないと思うけど、
頭の隅に入れておくといいかも。

生きていれば元気のない日もある。
イライラする日もある。
悩む日や不安な日もある。
でも人に会う時は
明るく元気でいるといい。

愚痴や不満は
誰も聞きたくないから。

いつも元気でいることは
少し大変かもしれない。
でもそれは無理ではない。
そんなにむずかしくない。
「無理」と「むずかしい」を
言わないようにすると、
自然にやる気も出るし、
周囲の人ともうまくいく。

前向きに元気でいるだけで
人が集まってくる。
また会いたい人には
人も情報も幸せも集まってくる。
また会いたい人になりましょう。

どうしたら
また会いたい人になれるか、
少し考えてみるといい。
今、思い浮かぶ、
また会いたい人はどんな人か。
自分もそうなれるように生きるのも、
また幸せのひとつだと思う。

また会いたい人になりましょう

周囲は自分のことを
いろいろ考えてくれる

奪い合うとなくなることも、
譲り合うと、案外余ってしまうもの。
自己主張するよりも、
他人を認めるほうが認められ。
優しくされたいなら、
他人に優しくすると優しくされる。

才能だけで生きようとするよりも、
努力したほうが評価されるし、
ほめられると思ってやったことより、
何気ないことがほめられたり、
怒られると思ったら
案外怒られなかったり、
ちょっとしたことで嫌われたり、
楽を選んだら苦しくて、
苦労を選択したら

楽しい思い出になったり、
怒られて嫌だったけれど、
結果的に怒られたほうが
いいこともある。

楽しいを
積み重ね続けることも大切で。
ある程度の我慢もあるけれど、
なにが楽しいのか、
なにがおもしろいのか、
判断するのは自分で。
まずは自分だけのことではなく、
周囲の人のことを
考えられる人になると、
周囲は自分のことを
いろいろ考えてくれる。

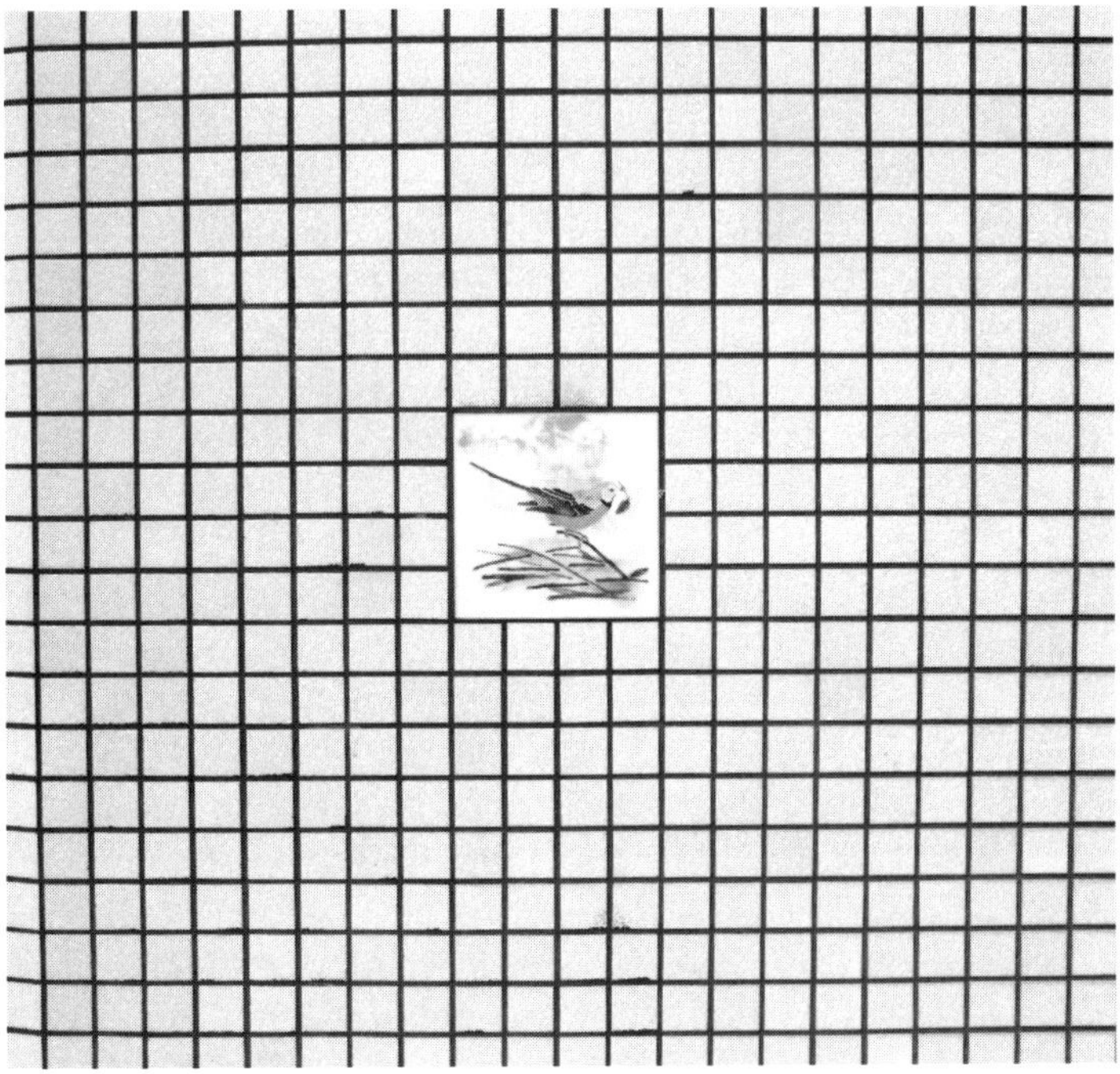

許せる心が
ある人は
素晴らしい

許せる心がある人は
素晴らしいと思う。
これはとてもむずかしいこと。
僕もそんな人になりたい。
そんなことを考える。

人はミスをするし
失敗もする。
自分勝手な行動をして
他人を傷つける。
結果的に裏切って
しまう場合もある。
許せるわけがない。
でもどこかで
誰かが許してくれると、
許してもらえると、

人は変わる。
許してもらって
変わらない人ではいけない。
そこに感謝できるか。
許して感謝して成長する。

人を許すってむずかしい。
これは損得勘定ではなく、
大きなことは許せなくても、
まずは小さなことを
許してみてください。
あなたも周りも変わってくる。
人を許せる心を
育てられる人になると、
人生がまた楽しくなる。

自分が初対面なら
相手も初対面

「初対面が苦手です」
そんなことを言う人がいますが、
自分が初対面なら相手も初対面。
条件は同じ。
なら、臆病になる気持ちや
面倒になってしまったり、
なにを喋っていいのかわからない、
それは相手も同じ。
それなら、自分だったら、
どうしてほしいか考えて。

人と話していると、
自分はなぜこの人に出会ったのか、
理由がわかる。
必ずなにか学べるから。
良い学びもあるし、悪い学びもある。
学べない人はいないから。
人と話すと、「この人から、
これを学ぶために出会ったんだな」と思う。
考え方や学んできたことや生き方。
テレビや本からではなく
実際に体験した、
経験した話からはたくさん学べる。

世の中で学べない人は
いないと思うから、
人に会って話してみるといい。
苦手だから、面倒だから、
そんなことを言わないで。
人は苦手だと思うほう、
面倒だと思うほうに、
幸福が隠れていることが多いから。

一生懸命に生きれば、周囲も一生懸命生きていることがわかる

一生懸命生きている人は、
周囲も一生懸命生きていることがわかる。
いい加減に生きている人は、
周囲もいい加減に生きていると思い、
他人が努力して手に入れたものを、
妬んだり、羨ましがったりする。
そこに努力があることを知らないから。

どんな仕事にも、大変なことや
努力をしなければならないことがある。
他人を馬鹿にしている人は、
一生懸命生きていない証拠。
本当に真剣に努力したことのある人は、
他人を馬鹿にできない。
他人の努力は、パッと見ただけで
わかる人なんていないから。
日々の積み重ねは自然だから。
でも努力した人は、
努力した人を見つけるのがうまい。

なにかひとつでもいいので、
趣味でも仕事でも、
自分には「これがある」と
言えるものができると、
また人生は楽しくなるのでは。

くだらないことで
怒る人が
いちばんくだらない

小さなことでカリカリする人がいる。
人間にそれほど期待してもダメなんですよ。
ミスはするものだから。
それは己を知らなすぎる。
自分だってミスをするから。
仕方がないと、そう思えないと。

命にかかわることなら激怒してもいいですが、
小さなことで怒ることはない。
しょせん人間なんだから。
違ってますよ、気をつけてくださいね〜。
やわらかく注意できる人にならないと。

怒ったところで仕方がない。
本当に怒るほどのことなのか、考えてから怒ればいい。
くだらないことで怒る人がいちばんくだらない。

intorfer
einmarkt
25.-29. Mai

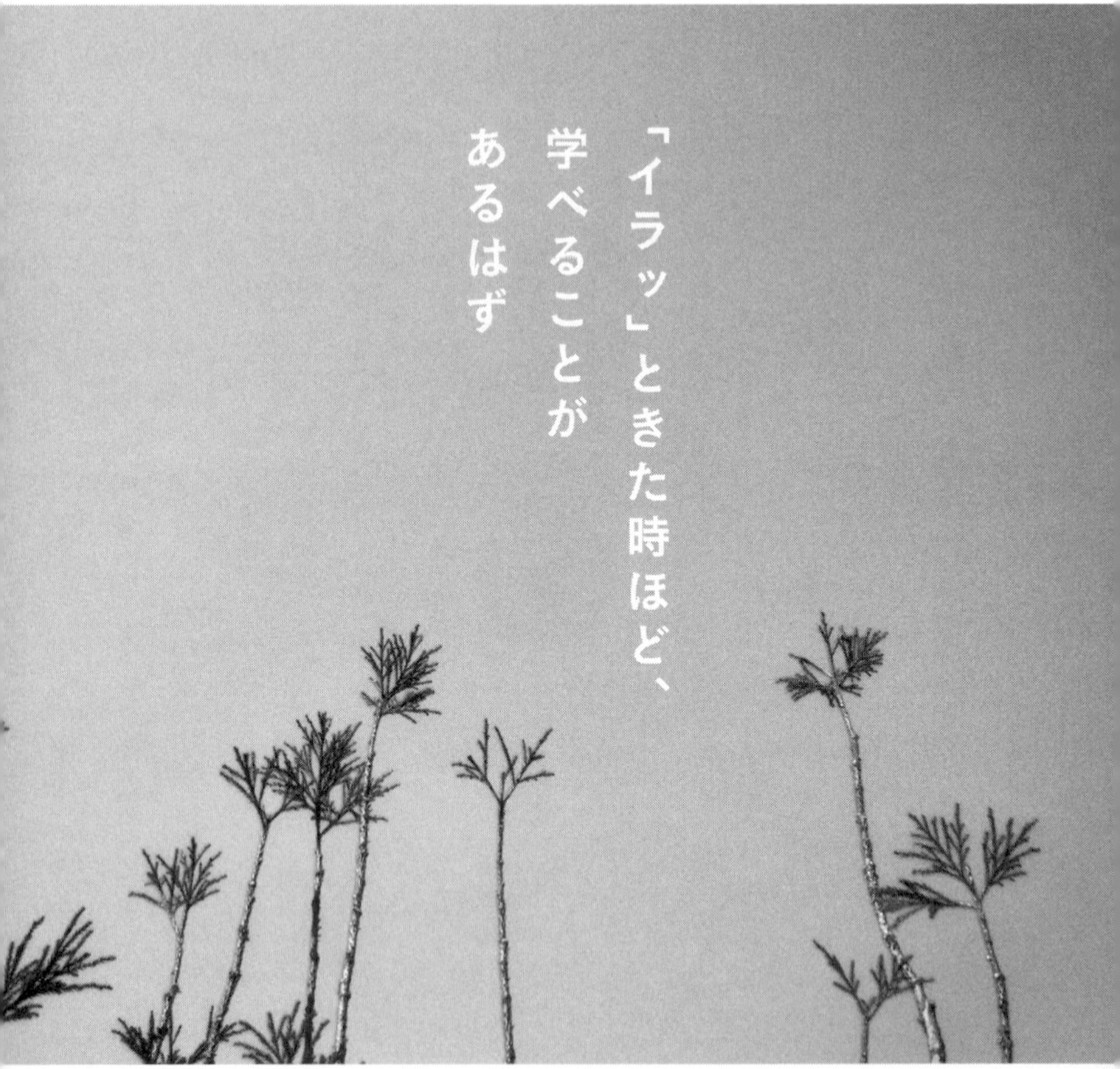
「イラッ」ときた時ほど、
学べることが
あるはず

周囲からのアドバイスを
素直に聞き入れられるか。
いろいろな言葉、
厳しい言葉も、
優しい言葉も、
「自分のために言ってくれている」
そう思える人、
どんな言葉も
善意で受け止められる人は、
ドンドン成長する。
幸せがなになのか
わかっている感じがするし、
豊かな人になれる気がする。
なにをしても、悪意でしか
受け止められない人もいる。

なにか言われた時に、
「イラッ」とくるのか、
「ありがとうございます」と
言えるのか。
これで人は差がつく。
「イラッ」ときた時ほど、
学べることがあるはず。
それは真実を言われているから。
そういう考えもあると
受け止めないといけない。

ソリの合わない人もいるけれど、
周囲からのアドバイスは、
善意で受け止められるように
生きる人のほうが、
良い人生を送っている。

人は言葉ひとつで変わるもので。

誰でも経験があるはず。

「あんな言い方をしなくても！」

「もっと他の言い方があるだろ！」

そう他人に思うことが。

素敵な言葉、良い言葉に
敏感になったほうがいい。

素敵な言葉と良い言葉に敏感に

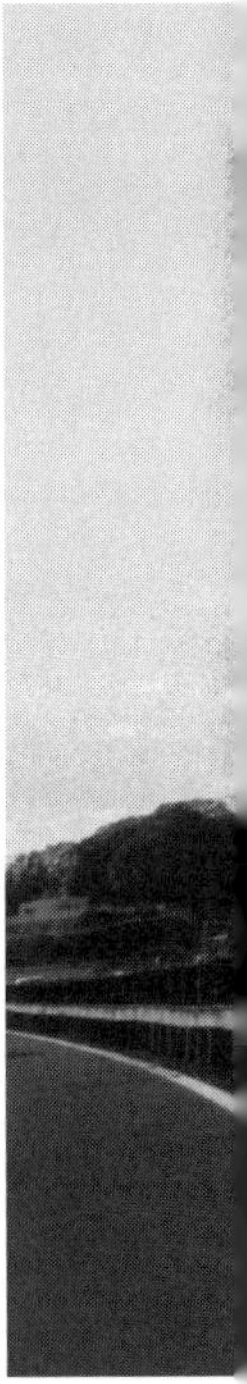

常に意識をすれば、
そんな言葉はたくさんあふれている。
あとは己が気がつくのか、
見逃すのか、それだけ。

言葉ひとつで、伝え方が変わる。
言葉選びで人が変わるなら、
素敵な言葉、良い言葉に
敏感に生きるといい。
それを学んで、それを伝えてみると
自分も周囲も素敵に生きられる。

他人に喜ばれるためにも、
素敵な言葉と良い言葉に敏感に。

感謝と「関係ない」を忘れぬように

誰にどうこう言われようが、
そんなことは「関係ない！」と
強気に生きるといい。
強気に生きるだけでなく、
そこに感謝を忘れないことも重要。

逆に感謝できる素敵な人なのに、
強気がないから、
せっかくの能力を出せなかったり、
評価されるまでに時間がかかってしまう。
すべてを捨ててでも、
どんな生き方をしようが
自由なんですよ。
打ち破る、打ち崩すくらいの根性と強気で
生きないといけない時がある。
臆病になりすぎている人ほど
「関係ない！」と
強気になってみるといい。

すべてのことは
どうでもよく、関係ない。
つまらない他人の視線やら、
他人からの評価にビビらず、
思い切ればいい。
そこに感謝や
恩返しをする心があれば、
思いやりがあれば、
周囲が協力してくれたり、
助けてくれるもの。

感謝と「関係ない」を忘れぬように。
感謝と強気は大切なこと。

伝えるってとてもむずかしい

多くの人は文章力がなく、
多くの人は読解力がない。
伝わると思っているから
イライラする。
伝わるわけがないからと思って
丁寧に伝えて、
やっと少し理解してもらえる。

少しは理解して
もらえたかもしれない。
半分はわかって
もらえたかもしれない。
そのくらいでいい。
なんでわかって
くれないんだろう、
と悩むよりも、
まあ伝わるわけがないから、
と思っておけばいい。

伝わらないことを
楽しめばいい。
どんなふうに解釈をするのか、
どんなふうに伝わったのか。

「伝わらない」と
「理解されない」とは違うから。
どうやったら伝わるのか、
どうしたら理解して
もらえるのか、
考えながら伝えたら、
だんだん伝わってくるもので。
伝えるってとてもむずかしいから、
伝えがいがある。

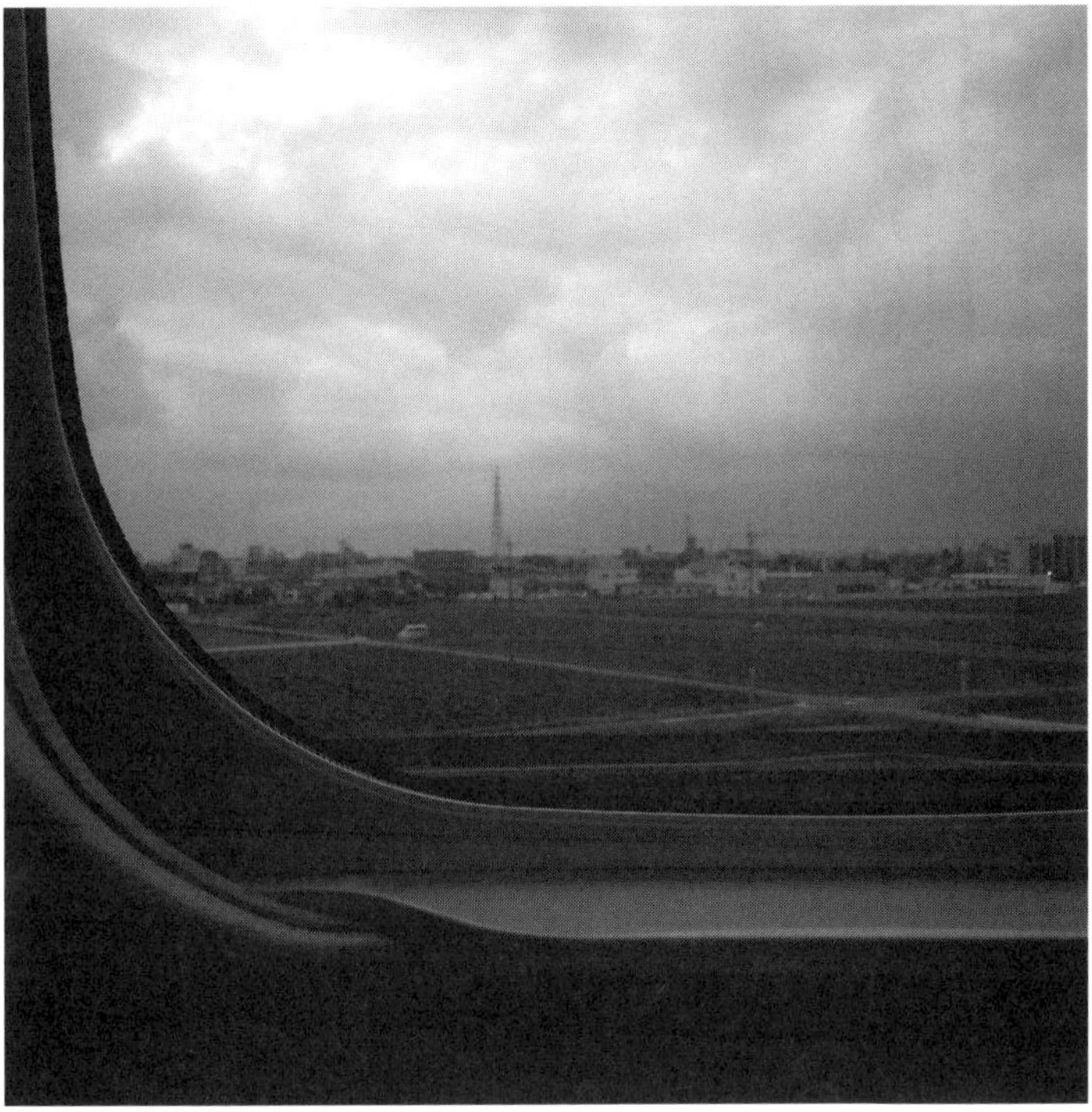

誰にでも好かれる必要はない

誰にでも好かれる必要はない。
一生懸命頑張って、
真面目に生きて、素直に生きて、
良い子でいることを妬む人がいる。
そんな人にまで好かれる必要はない。

嫌われることを恐れてはいけない。
すべての人に好かれることは、
邪心や悪意のある人にも
好かれてしまうこと。
嫌われてもいいんですよ。
悪口や陰口を言う人と
仲良くならなければいい。
いじめる人や
他人を利用することしか
考えられない人から、

ドンドン離れればいい。
そんな人から嫌われることに
臆病にならなくていい。

自分もどこかで
嫌われてしまうこともある。
行き違いや誤解や見当違いやら。
でも、ちゃんとやっていれば、
時間をかけて、誤解は解けるから。
嫌われることに
臆病にならなくてもいい。
そこに誠意と真心があればいい。
自然と人間関係はできてくる。

すべての人に好かれない
生き方をするといい。

優しい人には自然に優しくしてもらえるから

優しくされたいなら、
まずは自分が優しくなればいい。
優しい人には
自然に優しくしてもらえるから。
ただ、その「優しい」が
身勝手ではいけない。
優しい人には
優しさで返すのがあたりまえで、
得したと思っていると、
いつの間にか
周囲に人はいなくなっている。

いい人や優しい人の周りには、
同じような人が自然と集まる。
似た人の中だと人は居心地がいいから。
共通の話題ができるし、
優しい人は優しい人が好きだから。
気遣いができるから、
同じような人を好むから。

優しくされたいならば、
まずは自分が優しくなってみればいい。
居心地が良い場所を探せばいいだけ。

とまれ

自分ですらできないんだから、他人が思いどおりになるわけがない

人はそんなに己に強くない。
そんなに思いどおりに
己をコントロールできない。
完璧ではない。

「自分ですらできないんだから、
他人が思いどおりになるわけがない」
これを知るだけで、
人は大きく成長できる。

「他人に過度に期待しない」
そうすれば、
自然といろいろなことを
許せるようになる。

自分が完璧ではないことを
知ることができるから、
人はまた頑張れる。
人には必ず「そんなところもある」。

単純に
女性は恋愛に考えすぎで、
男性は恋愛に考えなさすぎ。

男性の思っている以上に女性は、

「あの人はこう思っているんじゃないか？」

「〇〇の発言は、あの子のことが好きだから」

「この前の食事は、いい感じだったのに、
なんでなにもないの？　次になにかある」

男はハート、女は頭、で恋をする

ま〜深読みをして、
ドツボにはまっている人を
何千人も見ている。

では、男性は本当に
なにも考えていないのか？　というと、
そうでもなく、
多くの男性はハートを大切にする。
この気持ちを伝えれば大丈夫！　と、
なぜか気持ちがあれば
女性が動くと思っている場合が多い。
この差が恋の空回りにつながる。

男性は気持ちで恋をして、
女性は考えて恋をする。

好きな人には素直に「好き」と言いましょう

好きな人には
素直に「好き」と言いましょう。

「好き」と言わなければ、
そのままなにも変わらない。
「好き」と言えば、
なにか進展するかもしれない。

よく聞かれるのは、
「告白したら嫌われませんか?」

勇気を出して告白した人を、
本気で嫌いになる人なら……
そんな人と恋愛しなくていいです。
嫌われることはありません。
嫌われるのではなく、それは照れです。

素直になりましょう。
勇気を出しましょう。
自分に素直になれない人は成長しない。
素直に素直に。

会いたい人には
「会いたい」と伝えましょう。
男も女も年齢も立場も関係ない。
素直に生きてみましょう。
そうしたら自然に未来が明るくなる。

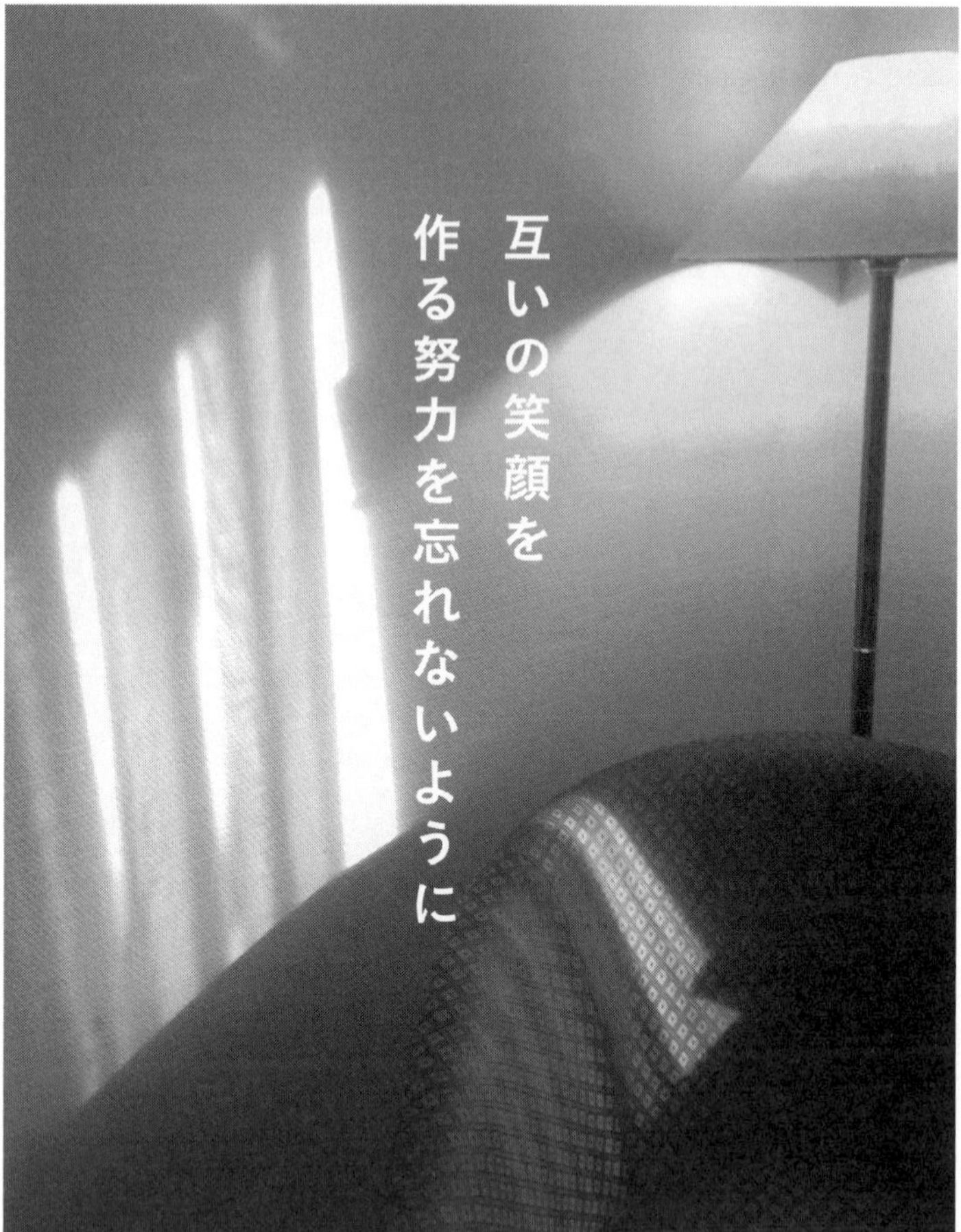
互いの笑顔を
作る努力を忘れないように

男女の喧嘩のパターンの多くは、
男性は結果が良ければいい、
女性は最初からが肝心。

喧嘩の原因や修復方法は
それぞれ違いますが、
男性の結果的(出口)に
良いなら問題ない、
女性の最初(入口)の問題を
解決しないと許せない。
「男性は出口、
女性は入口を大切にする」
この差があることが本当に多い。
あとはお互いを笑顔にしようと
努力しているか、
ここが大きなポイントだったりする。

お互いが相手を笑顔にさせようと
日々楽しんで生活をしていたら、
大きな喧嘩は自然としなくなる。
どうしたら相手を笑顔にできるのか、
日々考えて暮らしてみるといいかも。

喧嘩できるうちはいいんですがね。
喧嘩もできない男女になると、
また寂しくなる。
互いの笑顔を
作る努力を忘れないように。

馬鹿がいちばんかわいいから

男は本当に馬鹿。
ほとんどの男が
残念ながら馬鹿でどうしようもない。
馬鹿が悪いという話ではない。
馬鹿がいちばんかわいいから。
馬鹿がいちばんおもしろいから。

どこか「も～しょうがないな～」と
面倒を見なければいけないのが女性で、
結局は、どこかお母さん的なことを
望まれてしまう。

女性は男性に過度に期待をしたり、
理想を思い求めないほうがいい。
馬鹿を愛せるように、
馬鹿の面倒を
見られるようにしたほうがいい。
最初から期待をしないで、
どこか、ま~仕方がないな~と、
ある程度あきらめたほうが、
案外いい恋ができたりするもの。

いつまでも注意されるのが男だから、
かわいがってあげてください。
馬鹿がいちばんかわいいから。

大切なのは自分の理想どおりが想像どおりに動かないこと

自分の理想の１００%の人は1人いる。
自分の理想の90%の人は５人いる。
自分の理想の70%の人は30人いる。
自分の理想の50%の人は50人いる。
自分の理想の%を少し下げてみるといい。
それを妥協と言うが、
理想どおりの人がいないなら、その理想は間違いで、
架空の動物を探している人と同じになってしまう。
存在しないなら、それは理想ではない。
互いに理想どおりの人はほぼいない。
恋の始まりはどちらかが必ず妥協している。
大切なのは自分の理想どおりが
想像どおりに動かないこと。
自分の理想を少し下げれば、
理想に近い人は現れるし、存在することがわかる。

妥協が悪いのではなく、
現れないなら理想が違っているということ。
なら修正しないといけない。
いつまでもこだわっていると、
いつまでもなにも始まらない。

人生の多くは
自分に跳ね返ってくるだけ

出会いを求めて動いていないのに、
自分磨きや他人に好かれる
生き方をしなかったのに、
「出会いがない」は、
そりゃ〜、ないでしょう。
恋にも努力が必要で、
頑張らないと恋は始まらない。

モテないのではなく、
好かれる努力を続けてこなかっただけ。

結婚できないのではなく、
結婚するような生活を
日々送っていなかっただけ。
同じだから、同じ日々が来るだけ。
変えないから、変わらないなら、
変えるしかない。
そのチャンスは常に自分で持っている。
でも、人は臆病だから
変えることは怖いから。

人生の多くは
自分に跳ね返ってくるだけ。
ならばどうすればいいのか、
なにを判断するのか、
どう行動すればいいのか、
少し考えて動けばいい。

第4章　うまくいくって

そんな考え方があるんだ〜

買ってみた雑誌が
おもしろくなければ、
次回は買わない。
スポーツに興味がない人が、
スポーツ新聞を購入しないのと同じ。
興味のない情報は入手しない。
その選択権は常に自分にある。
情報にも好き嫌い、
合う合わないがある。
情報は知りたい人だけ知っていればいい。

ただ、自分が苦手だと
思っていたことから、
学べることがいっぱいある。

そこからなにを学べるか、
そこからなにを知るか。
自分とは合わないものでも、
「そんな考え方があるんだ〜」
ただ、それだけでいい。
全部は受け入れられないから。
人には向き不向きがあるから。

なんでも否定して
受け入れなくなって、
視野が狭くなるくらいなら、
そんな感じで
いろいろ見られるようにしたほうが、
日々が楽しくなると思うから。

不満があるということは、
生きる希望と
やりたいことがある証拠

不平不満は誰にでもある。
愚痴りたい時や、人を妬んだり恨んだり、
文句を言いたいこともあると思う。
でもそれは、できるだけ少ないほうがいい。
いちばん怖いのは、不満や愚痴の多い人は
「おもしろくない人」になってしまうこと。
おもしろくない人と、
人はたくさん会いたいとは思わない。

不満や愚痴の内容は、
冷静に見ると、ほとんどが自分に対して
言っていることだと思ってもいいし、
世の中、順調に進まないからおもしろい。

うまく進まない状況を楽しむ心を持って、
心をしっかり育てられるようにすることが大切で。
まあ、せめて愚痴や不満を言ってしまったら、
「愚痴ってすみません。
聞いてくれてありがとうございました！
愚痴らないように、これからは頑張ります！
じゃ〜楽しい話をしましょう！」
こんなこと言った人もいたな〜。

不満があるということは、
生きる希望とやりたいことがある証拠。
本当に頑張っている人には、
いつか必ずチャンスは来るから。

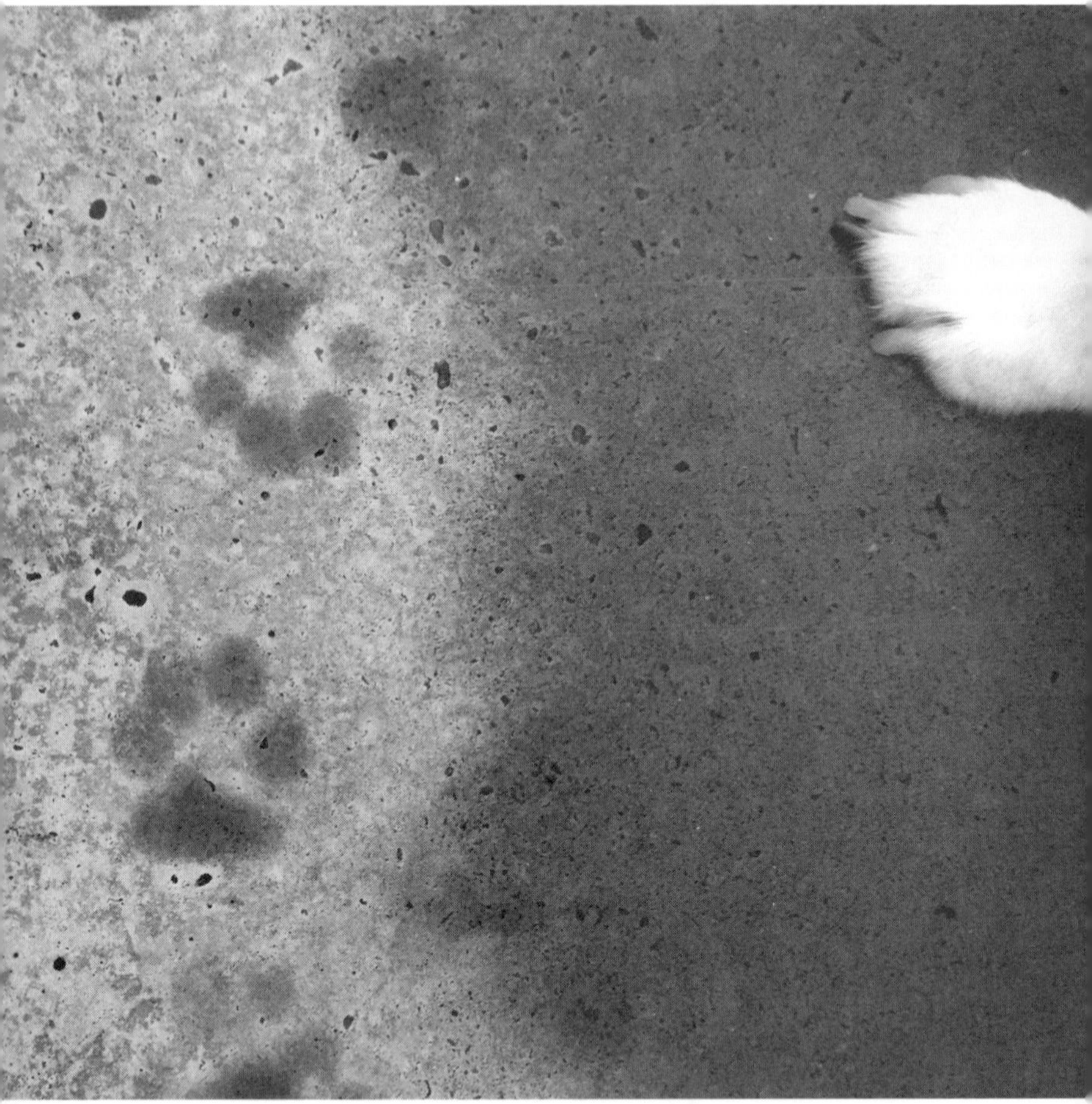

調子に乗っても、
図に乗るな

人は調子に乗らないと
いけない時がある。
そこで遠慮したり、
引いてしまうと、
いつまでもチャンスが巡ってこない。
自分を信じて、
思い切って飛び込む時が
必要な場合がある。

勢いがある時は
ドンドン突き進むといいと思う。
でも、図に乗ってはいけない。
自分がいいからといって、
他人を馬鹿にしたり、
見下したり、感謝できない。
そんな人になっては、
せっかくのチャンスに活躍できても、
周囲に敵が増えて、
逆に評価を
落としてしまうこともある。

最近、この言葉をよく思い出す。

自分は調子に乗っているのか。

今の自分は図に乗っていないか。

「調子に乗っても、図に乗るな」

すべての人は完全ではない。
完全で完璧な人は1人もいない。
みんな間抜けで、
いい加減で偏っている。
いい加減や適当がいい。
それはできないのではなく、
「良い」「加減」と知っているほどいい。
自分ができないとか
ダメだとか思わないで。

自分をほめられる状況は
作ったほうがいい

まずはなにかできた自分をほめるといい。
「俺、できるじゃん」
「私、できてる」
最初は小さなことでもいいから、
ちょっとでもできた自分をほめて、
少しでもいいから自信を持って、
またできそうな目標を掲げて、
また新たな目的に進めばいい。
自分をほめられるような目標を立てて、
自分をほめられるように頑張る。
そうしたら、
周囲を自然にほめられるようになる。
頑張っている人を見抜けるようになる。

自分で自分をもっとほめたらいいし、
ほめられるようにすればいい。

喜ばれるように
生きることは
とても大切なこと

得意不得意など、
向き不向きなど、
やってみないとわからない。
なんでもやってみればいい。
やってみて、望まれること、
頼まれることに
全力で応えればいい。
一生懸命やり続ければ、
それが得意なことで、
それが天職にも
好きなことにもなる。

なにかを学ぼう、
なにかを勉強しようと思うのは
とてもいいことで、
人は学び続けることが
いちばん大切な生き方。

人はそれぞれの知識を持ち寄って、
知恵を絞って生きてきた。
勉強ができるなら、学があるなら、
その知恵をどう使えば、
周囲や他人を幸せにできるのか。
本当に頭が良いとはそういうことで、
他人を馬鹿にするために
勉強や仕事をするのではない。

己の活かし方、生き方が日々大切で。
求められるように生きて、
喜ばれるように生きることは
とても大切なこと。

人は知らないことほど、
簡単に批判できるから

他人の仕事を表面だけ見て
評価する人がいるけれど、
みんな大変だから。
好きな仕事でも苦労が多い。
でも好きだから、
好きだと苦労を苦労と感じない。
好きだと苦労を見せることがない。
ただそれだけで。

どんな仕事も
思いどおりに進まなくて、
他人に見せない苦労や
頑張るところがあるから。

仕事って大変だからお金が頂ける。
楽しい、おもしろいを
仕事にしたいなど、
子供じゃないんだから。
楽しい、おもしろいを
仕事にできるように
努力を続けることが大切。
仕事には
他人に見えない苦労が多いから、
人は知らないことほど
簡単に批判できるから。

すべての仕事に
必ず辛いことがあるけれど、
どうやったら互いに楽しめるかが大切。

「なにかができている」ということ

完璧な人はいないし、
バランスが取れている人もいない。
どんな人でも必ずどこか偏りがある。
陰があれば陽がある。
表があれば裏がある。
なんでもやろうとするから、
なんにもできなくなる。

余計なことを覚えるから、
無駄な情報を知りすぎるから、

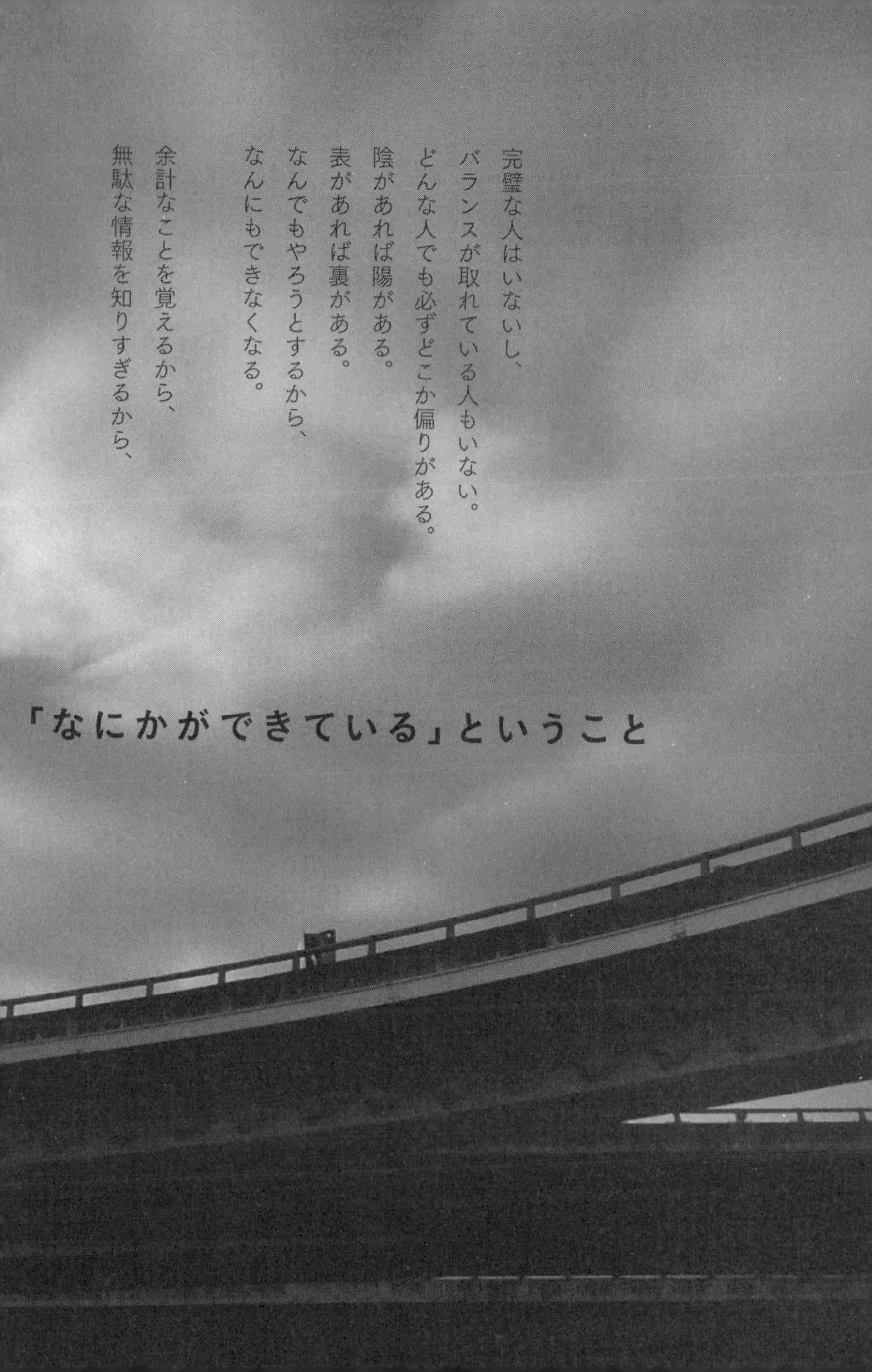

不要なプラスを覚えるから、
不要なマイナスも増える。
なんでもできる、
なんでも知っているは
なんにもないと一緒。

「なにかができる」ということが、
「なにかができない」ということならば、
「なにかができない」ということは、
「なにかができている」ということ。

「なにかができない」ということは、

「また」を
大切にすればいい

どうしたら
店に入ってくれるのかではなく、
どうしたら
笑顔で帰ってくれるのかを
考えることが大切で。
また来たいな、また使いたいな、
また欲しいな、また食べたいな、と。
とても単純なことなのに、
案外忘れているサービス業がある。

来た時よりも
帰る時のほうの笑顔がいい。
本当にあたりまえのことなのに、
多くの仕事にそれが言えるのに、
呼び込むことだけを

考えている人がいる。
売れることだけを
考えている人がいる。
それも大切なんだけれど、
もっと大切なのは、
また来たくなる、また欲しくなる。
帰り際、終わり際が大切。

また来たいと思わせられるか、
また使いたいと思わせられるか、
また会いたいと思わせられるか、
「また」があるように思わせられるか。

大切なのは入口ではなく
出口だったりする。

他の人の為に働いている人は、本当はいない

「人」の「為」と書いて「偽り」、
人の為になにかするということは
偽ること。
偽りを悪いことのように
受け取る人がいるが、
偽るとは、
とても良いことなのではないかと思う。

まずは己の為でいい。
自分の為に一生懸命になることで、
幸せがなにか見えてくる。
これがうれしい、これが楽しい。
人生の喜びを知れば、
それを他人の為にできるといい。
それがとても大切なことだから。
偽れるくらい頑張ってみるといい。
人の為になれるくらい
努力してみるといい。

なにができてなにができないのか、
まずは見分けるためにも、
己の為にしっかり生きたほうがいい。
あたりまえのことをあたりまえにして、
まずは自立して前に進んでみるといい。

人間あきらめが肝心。
あきらめるから
次があり、
あきらめることから
始めることもある

人間あきらめが肝心。
ドンドンあきらめればいい。
あきらめたほうがいいことは
いっぱいある。

ただ、あきらめる選択を
間違えてはいけない。
「日々の努力はあきらめてはいけない」
遊ぶことやサボることを
あきらめればいい。
楽なことをあきらめればいい。
休むことをあきらめればいい。
もう目の前にあることを
やっていくしかないと
あきらめればいい。
結果を出すことをあきらめても、

継続することは
あきらめてはいけない。
生きることは
あきらめてはいけないが、
死のうとすることは
あきらめればいい。

人間あきらめが肝心だが、
なにをあきらめるのか、
間違えてはいけない。
あきらめるから次がある。
あきらめられるから頑張れることがある。
あきらめようと思って頑張ってみたら、
いい感じであきらめられることもある。
あきらめることを上手に選択すれば、
良いあきらめができるもの。

どんな仕事ができるかよりも、頼まれやすい人、求められやすい人になるといい

雑用や基本的なことから
逃げてしまうと、
一生、雑用の仕事を
することになる。
雑用を任せられない人は
なにもできなくなる。

「自分のところに
面倒な仕事がくる」と
苦しむよりも、
自分は頼られているんだと、
自分は選ばれた人なんだと、
自分は求められる人なんだと
思えることが大切で。
そんな大切なことを、
仕事を失うまで、
多くの人は気がつかない。

どんな仕事ができるかよりも、
いろいろなことを任せられる人、
頼りになる人、
気楽に仕事を頼める人に
なれるといい。

誰でも最初は素人だから

誰もが最初は素人で、
わからなくて、
知らなくてあたりまえ。
だから学ぼうとしないと。
今を全力で生きようとしないと。
今できることに全力で取り組んで
生きていかなければならない。

最初からできないのがあたりまえと
開き直ってはいけない。
謙虚な気持ちで、
わからないことは素直に聞いて。
教えてくれる人、
アドバイスしてくれる人に感謝をして、
恩を返そうと一生懸命取り組めば、
自然と運の流れも、
人間関係も良くなってくるもので。

可愛げのない生き方はしてはいけない。
相手のことを考えて、
どんな人が好かれるのか、
どんな人が可愛げがあるのか考えて。
誰でも最初は素人だから、
一生懸命頑張ればいい。

人の知っていることなんか、
たいしたことがない。
ほとんどの人がなにも知らない。
知ったふりをしているだけ。

「できないことはできません」と
白旗を上げればいい。
わからないならわからない。
恥ずかしいと思うから、
ドンドンなにもできなくなる。
知らないことは恥ではないから。

人一人の情報の限界と
得意不得意があるから、
「知らない、わからないから
教えてください」

できないことはできません

これくらいは
素直に言えるように
なることが大切で、
それが言えないプライドや
自我はないほうがいい。

お願い上手になれば、
自然に知識や情報も増えて、
自然にコミュニケーション能力も上がる。
なにより素敵な出会いの
チャンスも増えるから。
困った時に助けてくれる人は
いい人が多いから。
頭を下げたり、白旗を上げれば、
簡単に見つけられるから。

お金がないと不幸でも、お金があるから幸福とは限らない

お金にとらわれて、
とても大切なことを
見失ってしまう人がいる。
「お金がない」という悩みは
辛いかもしれないけれど、
お金がある人の悩みは
お金では解決できないから。

悩みや不安は
色や形を変えてやってくる。
だから楽しく過ごすこと、
楽しく過ごせる仲間や

家族や恋人を大切に。
大切にできる心が大事で。
なにをしてると楽しいのか、
誰といると楽しいのか。
楽しいことをいっぱい考えて、
行動して、実行して、
周囲も楽しませるといい。

一人だけの楽しいは続かないから。
みんなの楽しいは
ドンドン広がるから。

フリができない人がいちばん不利

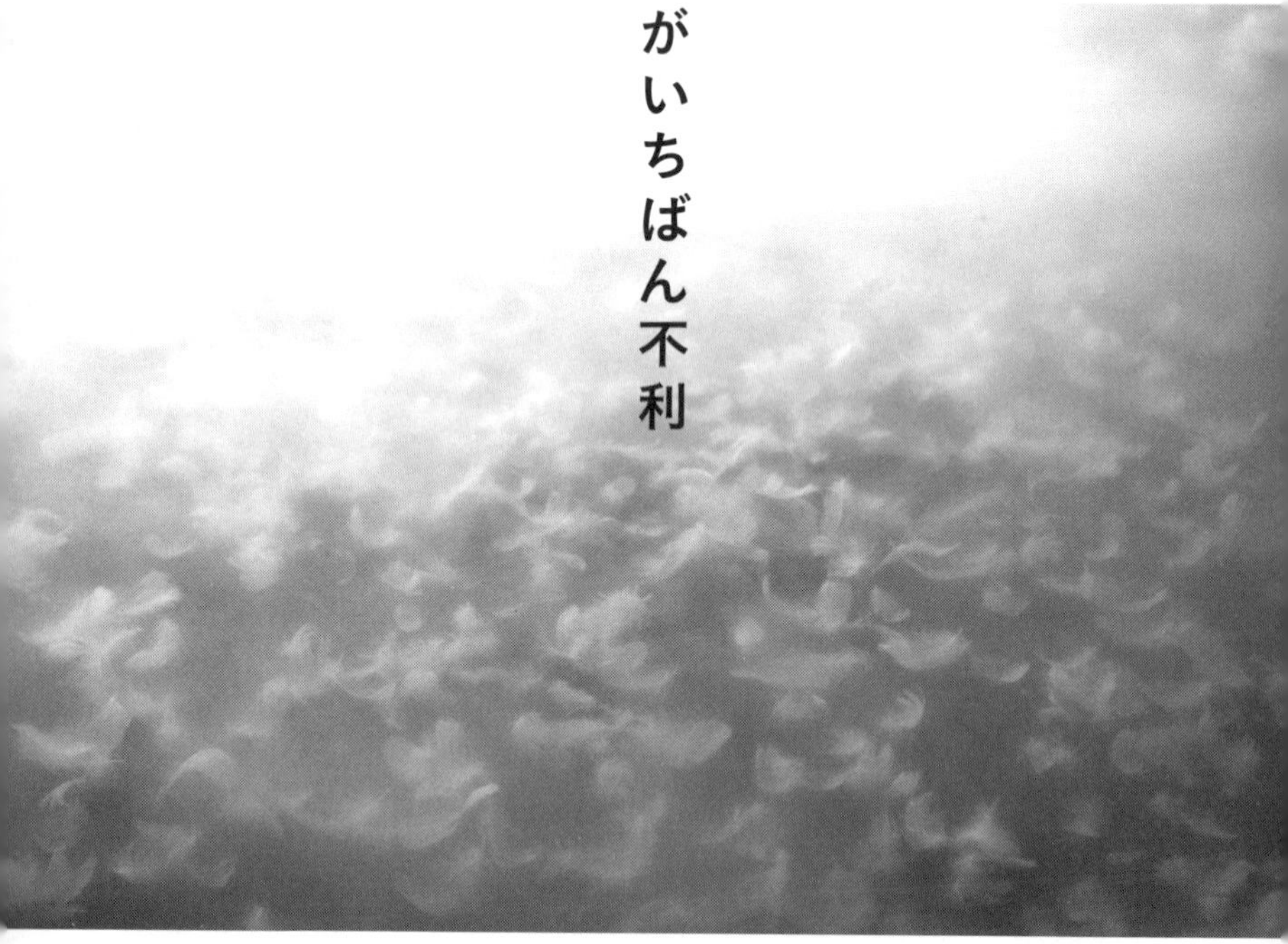

「運のいい人」のフリをすると
運は良くなり、
「お金持ち」のフリをすると
お金持ちになれ、
「モテる人」のフリをすると
モテる人になれる。
フリをするだけで、
思った以上に簡単に思いどおりになれる。

フリをするためには、
成功者を観察してマネする必要がある。
お金持ちのなにをマネるか、
お金持ちのフリをするということは
どういうことなのか。
観察もしないで、
勝手な想像で生きているから、
その人は絶対に成功しない。
どこをマネればいいのか、
どういうフリをすればいいのか。
考えればば自然とわかり、
それがわからない人が
金持ちになれないだけ。

「でも～」「だって～」「自分は～」と言う。
それはいちばんいらないプライドを持って、
自分で苦労を招いているだけ。
そんなものは捨ててしまえばいい。
捨てるためにも、
成功者のフリをすることが
いちばん早い。
フリをすることがいちばん有利で、
フリができない人がいちばん不利。

企画・構成　株式会社カウボーイソング（前田拓、岩川悟）
編集協力　洗川俊一
佐藤効省
ディクション株式会社

本書はゲッターズ飯田のオフィシャルブログ『ゲッターズ飯田の占い』〈http://ameblo.jp/koi-kentei/〉の内容を再構成したものです。

カリスマの言葉シリーズ #007
開運レッスン

2016年12月31日　初版発行

著者　ゲッターズ飯田　
発行者　沢田 浩
発行所　株式会社セブン&アイ出版
〒102-0083
東京都千代田区麹町5-7-2 5F
電話　03-6238-2884（編集）
03-6238-2886（販売）

装丁・本文デザイン
保多琢也（VAMOS）
写真　coto
カバーイラスト
竹村勇二（SUGAR）
印刷・製本　共立印刷株式会社

Printed in Japan
ISBN978-4-86008-711-1

ゲッターズ飯田